AF191583

Der zerbrochene Mensch

Geistige Unterweisung

Moritz Mathis

Bibliografische Information der Deutschen Nationalbibliothek:
Die Deutsche Nationalbibliothek verzeichnet diese Publikation
in der Deutschen Nationalbibliografie; detaillierte bibliografische
Daten sind im Internet über http://dnb.dnb.de abrufbar.

Herstellung und Verlag
BoD – Books on Demand, Norderstedt

ISBN 978-3-839-16167-8

Inhalt

Vorwort

Der nachfolgende Text beinhaltet keine Antworten auf große philosophische Fragen, keine Erklärungen komplexer Ereigniszusammenhänge, keine Anleitung zur Erlangung von Weisheit oder Glückseligkeit. Er ist vielmehr eine Aneinanderreihung kurzer Gedankengänge, die allesamt ausschließlich auf das Eine abzielen: den Leser seiner Fesseln aus Sinn und Verstand und Unsinn und Unverstand zu entreißen und ihn damit *in* die Welt zu stoßen. In jedem Gedankengang ist dieser Stoß aus einer etwas anderen Richtung versucht, in der Absicht, die Sprache des Lesers je zu treffen. Die Methode, mit der der Stoß erfolgt, ist die strenge Selbstprüfung dessen, woran der Leser *glaubt*. Aus einem Bruch aller Glaubensgrundlagen schließlich steigt keine neue Weltanschauung hervor, welche die alte ersetzt, sondern der zerbrochene und befreite Mensch, der keine Weltanschauung mehr vertritt, weil er keine Welt sieht: Er ruht untrennbar in ihr.

Der zerbrochene Mensch

Wie soll ich nur anfangen? Es hat doch schon längst begonnen! Mit dem ersten Wort des Kindes ist es bereits zu spät. Wer nur *anhebt* zur Frage, wird zugrunde gehen. Doch dann ist es still.

Ist das ein Blatt? Weil *was*?!

Dinge benennen heißt: Dinge erklären. 'Dies ist ein Blatt, *weil* ...' Wer aber ist es, der sieht?!

Du kannst einen Gegenstand nicht *aussprechen*. Ein Satz kann nicht sagen, *was* ein Gegenstand ist. Daher: Ich sehe nichts.[1]

Was liegt am Argument? Ein Argument, das dich überzeugt, hast *du* vollzogen. So gibst du dir letztlich selbst das Argument. Es bleibt also die Frage nach der Überzeugung. Es braucht ein Motiv, um überzeugt zu sein.

Frag weiter, immer weiter, bis du bei der Frage nach dem Grund angelangt bist und sich das Antworten endlich gegen dich wendet: Warum ist überhaupt Etwas und nicht vielmehr Nichts? Argumentiere weiter, immer weiter, und sieh zu, wie jede Argumentation ins Leere läuft. So gehst du zugrunde. So wird es still und einmal bist du bereit, dich auszuliefern.

Zeig mir ein Ja! *Zeig* mir ein Nein!

Wonach fragst du?? Sieh doch vor dich hin! Wo ist da ein Grund?!

Jedes Einzelerkennen bringen wir uns in Form eines Urteils zum Bewusstsein. Daher: Ich sehe nichts.[2]

Um des Urteilens überdrüssig zu werden, frag dich, *warum* das ein Blatt sei oder eben keines.

Wie verschieden sind doch Begriff und Welt. Wie absurd ist es, nach der Welt zu *fragen*. Liefer dich aus!

Der Satz 'Der Stuhl ist ein Gegenstand' besagt nur, der Stuhl gehöre zu den Gegenständen, aber nicht, welcher Gegenstand er sei.[3]

Was aber ist ein Gegenstand anderes als eine willkürlich gezogene Grenze, als etwas mental Gesondertes? Er hat nur die Wichtigkeit, die du ihm gibst. Daher: Lass den Gegenstand Gegenstand sein und mit ihm seine Wichtigkeit.

Ein Gegenstand ist *gegeben*, wenn für jedes Beliebige bestimmt ist, ob es zu dem Gegenstand gehört oder nicht. Daher: Ich sehe nichts.[4]

Wer hat dir die Welt erzählt?

'Ein Gedanke ist dies und ist jenes und ist so und auch so, aber nicht so. Und ist er auch so?' Wie seltsam, dass wir über bestimmte Dinge reden. Ein *was*?? Ist 'ein Gedanke' denn ausgemacht? *Gilt* er? Wieso kann ich da sein, ohne von ihm zu wissen? Er ist nicht mehr als bloß Begriff. Warum aber sollte ich mich um Begriffe kümmern? Begriffe kommen und gehen.

"Begriffe können die Welt verändern!" *Welche* Welt? Wo fängt die Welt an? Kümmer dich um dich selbst, *damit* veränderst du die Welt.

Als Tatsache gilt wohl nur das, worin wir uns nicht irren können. Und worin könnten wir uns nicht irren? Was ist ausgewiesen? Was ist vor einem anderen ausgezeichnet? Wovon sind wir überzeugt? Was gilt? Wir sind geneigt zu sagen: 'In den unmittelbaren Empfindungen können wir uns nicht irren.' Aber wenn sie unmittelbar sein sollen, sind sie noch nicht *benannt*. Verwechsel deine Empfindungen nicht mit ihrer Interpretation. Das Neugeborene kann sich nicht irren! Das Huhn kann sich nicht irren! Denn etwas als Irrtum bezeichnen, heißt: von etwas überzeugt sein. Daher: Still!

Ein Argument bezieht und stützt sich stets auf beständig gehaltene Geistesobjekte. Was aber liegt an Objekten des Geistes? Sie kommen, sie gehen. Was haben sie mit *dir* zu tun? Warum für Ersonnenes Erklärungen suchen? Warum erst Verwirrung stiften und dann versuchen, sie wegzudiskutieren?[5]

Weil *was*?! Du fuchtelst in der Luft und spuckst Töne. Mehr hast du nicht.

Das letzte Argument lautet: 'Ja siehst du denn nicht ...?!' Und das ist doch kein Argument. So ist es mit allem Argumentieren. Es verläuft sich, es zwingt nicht.[6]

Manchen Tages befindest du dein Verständnis von einem bestimmten Begriff für unklar. Du stellst Überlegungen und Experimente an, um den Begriff mit anderen unklaren Begriffen zu schärfen. Seltsam. Unter welchen Bedingungen erscheint dir ein Begriff klar oder unklar, klarer oder unklarer als ein anderer? Aber irgendwann wird es still sein.

Doch sprich, welche Empfindung hast du nun? Eine solche etwa? Ist nicht jede Empfindung vielmehr eine diese, hier und jetzt? Wieso aber benennst du sie? Wieso formst du sie? Wieso beachtest du sie überhaupt? Wieso schaffst du dir etwas Beständiges hin? Was ist eine Empfindung mehr als eine Empfindung? Was ist *diese* Empfindung mehr als nur ein Begriff? Lass die Empfindung Empfindung sein, kümmer dich nicht um sie.

Wo fängt 'das Äußere' an, wo ist die Grenze zwischen Innen und Außen? *Alles* ist außen, kümmer dich nicht darum! Im Besonderen, kümmer dich nicht um irgendein Inneres. Daher: Raus! Raus aus der Welt der Gedanken, lebe in der Welt der Sinne! Beiß meinen Finger, schau nicht, worauf er zeigt!

"Wer bist du?"
›Klatsch!‹ (ich schlage die Hände zusammen)

Die Welt ist *eine* und unveränderlich, solange wir nicht auf Einzelheiten achten. Wozu aber auf Einzelheiten achten? Wozu ihnen Bedeutung geben? Wozu sie unterscheiden? Wozu sie überhaupt erst erfinden? Lass die Welt dahin gestellt!⁷

Aller Veränderung liegt etwas zugrunde, woran die Veränderung geschieht, was also selbst unverändert bleibt. Das bist du.[8]

Was liegt an den Begriffen? Hier hast du einen Begriff. Und nun?? Du bist da.

Wer fragt?! Wer fordert mich auf, Stellung zu beziehen? Frag dich selbst, welche Stellung beziehst *du*? Diese? Jene? Warum die eine, nicht die andere? Eine Stellung beziehen heißt: aus Nichts etwas schaffen. Wozu aber sich etwas hinschaffen? Du bist immer derselbe.

Was heißt es, eine Frage zu *beantworten*? Was ist das Kriterium dafür, dass eine Frage als beantwortet gilt?

Das Verhältnis zwischen Frage und Antwort ist ein emotionales.

Wer eine Frage stellt, muss ausweisen, warum er sie für stellbar und beantwortbar hält. Das aber kann er nicht.

Fragen werden nicht durch Diskussionen und dialektische Gefechte ausgetragen. Geduldig musst du sie mit dir herumtragen und dich redlich bemühen, ihnen Antwort zu stehen. Denn *allein* gehst du zugrunde! Mit dir selbst wirst du ringen, bis du zerbrichst![9]

Was treibt dich zum Hinterfragen? Eine befriedigende Antwort verweist doch nur auf vertraute Begriffe und Konzepte. Die Angst schwindet, doch die Fragerei hält bloß ein. Wohlan, frag weiter, immer weiter, bis dir das Frage-Antwort-Spiel selbst vertraut geworden ist, bis dich das Fragen langweilt und das Antworten verdrießt, bis du endlich sagst: 'Aber das ist nur eine Frage.'

Wer eine Frage stellt, fragt als Geborener. Daher: Wer fragt, muss erst noch das Sterben lernen. Sterben heißt, auch das Ich nicht mehr zu beachten.[10]

Was hat das Messen mit *mir* zu tun? "Ich messe deine Kragenweite." Na und? "Ich messe deine Kragenweite für das Schafott!" Na und? "Du wirst noch um dein Leben flehen." Na und?

Zugrunde gehen heißt: im Widerstreit der Standpunkte unterliegen.

Da ist ein Satz. Da ist ein anderer Satz. Was aber haben die Sätze mit *mir* zu tun? Wir sind geneigt zu sagen: 'Sie sind Ausdruck unserer Gedanken.' Na und? Gedanken kommen und gehen. Ich aber bin immer derselbe.

Wer keine Worte gebraucht, muss sich nicht um ihre Inhalte kümmern. Wer sich nicht um Inhalte kümmert, kann auch Worte gebrauchen, ohne in Verwirrung zu geraten.

Der Zustand der Welt ist unabhängig davon, ob wir pessimistisch oder optimistisch denken. Überhaupt ist er unabhängig davon, wie wir denken. Daher: Lass die Gedanken Gedanken sein. Lass sie kommen und gehen.

Kümmer dich nicht darum, was der Geist den Sinnesempfindungen hinzufügt. Die Sinnesdaten allein geben noch keine Anschauung. Daher: Ich sehe nichts.

Zusammengesetztes wird von *mir* zusammengesetzt.

Ein alter Mann sitzt auf einer Parkbank. Stell dich vor ihn hin und erzähl ihm begeistert von deiner Erkenntnis. So tief sie auch sein mag, was ist es mit deiner Erkenntnis, wenn er ihr nicht folgt? Du kannst noch so energisch rufen und zeigen, es regt sich nichts in diesem Mann. Du bist aufgebracht, er ist gleichmütig. So ist es mit aller Erkenntnis. Daher: Kümmer dich nicht um sie.

Am Ende jeder Erklärung, Begründung oder Rechtfertigung steht der Satz: 'Weil ich es so sehe.'

Was siehst du?!

Wenn gar niemand sich wunderte, es gäbe nie ein Problem zu lösen. Was liegt daran, sich zu wundern? Wer sich über Einzelnes wundert, zeigt, dass er keine Einwände gegen das Ganze hat.[11]

"Siehst du dein Haus dort?" Das ist mein Haus? In dem kleinen Ding sollen all die großen Zimmer sein?[12]

Zum Wort besteht Distanz, sobald es interpretiert wird, sobald es Symbol, Stellvertreter wird. Lass das Wort Wort sein und die Distanz verschwindet. Denn wozu Distanz bestehen lassen, wo es keine gibt?

Was liegt an Emotionen? Auch Emotionen kommen und gehen. "Aber ich *bin* Emotion!" Du bist, was du *sagst*? "Ich bin, der ich bin!" Sagt das nicht nur jemand, der die Frage nach der Identität gestellt hat? Doch was ist 'wer', was ist 'bin', was ist 'ich'? Wozu sich um eine Antwort bemühen, wo doch die Frage selbst hinterfragt werden kann? Denn: *Welche* Frage soll ich stellen?!

Lass deine Bedürfnisse Bedürfnisse sein, dann musst du dich nicht um ihre Befriedigung kümmern. Ertrage, dass es keinen Bezugspunkt gibt. Du bist der Interpret. Was du nicht in die Welt setzt, das gibt es nicht. Wovon du dich nicht distanzierst, damit bist du identisch.

Sieh nur, auf was alles du zeigst. Mal hierauf, mal darauf. Woher weiß ich, worauf du diesmal zeigst? So bin doch stets *ich* es, der zeigt oder nicht zeigt. Du sagst: 'Sieh dies!' Ich aber sage: 'Beiß zu!'

Derjenige ist der Handelnde, der in das Beobachtete eine Handlung hineinlegt. Derjenige, der die vermeintliche Handlung geistig vollzieht.

Gib auf die Täterschaft, du handelst nicht. "Wer handelt dann? Gott?" Weder gibt es einen Gott, noch einen Handelnden. Alles, was es gibt, hast *du* geschaffen. "Ist das eine Erkenntnis?" Nur wenn du sagst, dass es eine ist.

"Weshalb die Täterschaft aufgeben?" Damit dich die Ergebnisse deines Handelns nicht berühren. Sie können dich schuldig sprechen, sie können dich einsperren; das ist *ihr* Speer. Du aber kannst davon laufen, mit Händen und Füßen strampeln oder in der Zelle sitzen und mit den Schultern zucken; das ist *dein* Speer. Doch sorgen darum, was geschieht, das brauchst du dich nicht. Aus solchem Holz soll dein Speer geschnitzt sein.[13]

Ist es so? Ich sage nicht, dass es so ist. "Aber hier steht es doch." Und doch bist *du* es, der es sagt.

Was heißt denn 'es ist so'? Dass es dir so begegnet? Und damit hört dein Wundern plötzlich auf? Wie seltsam. Warum dich nicht weiter wundern? Warum eine erklärte Welt vor dir hertragen, sodass du gar nur sie sehen kannst?

'Ich habe Recht', was soll das heißen?? Du bist da.

Ich sehe nichts. Wo ist denn dasselbe Ding, das so verschieden erscheint?[14]

Was berechtigt uns, dieses für wirklich und jenes für scheinbar zu erklären??

Der Zerbrochene sagt: 'Seltsam ist doch die Welt. Wenn ich sie nicht anerkenne, verschwindet sie.'

Die Anweisung für den Täter lautet: Tu, bis du zugrunde gehst. Tu, bis der Antrieb versiegt. Tu, bis du sagst: 'Früher, als ich noch tätig war, als ich noch zu tun wusste, als ich noch rief: So!'

"Der eingetauchte Stab ist optisch geknickt, haptisch gerade und relativistisch gekrümmt!" Na und?

Was wird denn gemessen? Ereignisse werden nicht gemessen, sie werden vollzogen. Einen Gegenstand erfassen kannst du nur, indem du ihn als Ereignis erfährst. Diesen Vollzug lass bleiben oder lass geschehen. Denn: Du bist immer derselbe.

Ich entferne nicht durch rhythmisches Kreisen der Borsten Bakterien von meinem rechten Schneidezahn - dennoch habe ich mir die Zähne geputzt. Ich führe nicht den linken Schnürsenkel unter den rechten hindurch, forme zwei Schlaufen und knüpfe einen Knoten - dennoch habe ich mir die Schuhe gebunden. *Welche* Handlung ich vollziehe, entscheidet sich im Kopf; und eben auch, *ob* eine Handlung überhaupt.

Ein Hund wird als Hund wahrgenommen dadurch, dass er als Hund *wiedererkannt* wird. Die Welt kategorial zu erfassen, bedarf eines Trainings. Es wieder sein zu lassen, ebenfalls. Daher: Geduld![15]

Was wir zum ersten Mal erleben, ist uns fremd. Es könnte ganz anders verlaufen, es würde uns darum nicht sonderbarer scheinen. Sein Verlauf ist uns an sich durch nichts bestimmt. Warum es nicht dabei belassen? Warum sich etwas hinerklären? Was entscheidet darüber, ob eine Erklärung abgeschlossen ist?![16]

Ein Meister, der spricht, handelt strategisch. Die Beweggründe dafür haben ihre eigene Geschichte. Er bringt seinen Geist zur Ruhe und überwindet damit das Leid, nicht seine Herkunft.

'Dieses ist der Fall' heißt: 'Dieses ist der Fall, *vorausgesetzt* jenes ist der Fall.' Aber *ist* jenes der Fall?

Wir verfügen über kein Kriterium dafür, *worüber* ein Satz spricht. Daher: Ich verstehe nichts.[17]

"Welche Betrachtungsweise erfasst die Wirklichkeit?" Gar keine. Weshalb sollte sich die Wirklichkeit betrachten lassen? Und von wem? Zu einer Betrachtungsweise werden wir erzogen. '*So* musst du den Hobel führen, damit *das* herauskommt.' Und dabei betrachten wir das Werkstück, nicht die Späne.

Wie kann es Täuschung geben, wenn es rechtes Verständnis nicht gibt?

Kümmer dich nicht um Erleuchtung, sie geht dich nichts an. Denn wenn Erleuchtung ist, bist du nicht, und wenn du bist, ist Erleuchtung nicht.

"Ich verstehe dich nicht." Na und?

"Ich habe dein Buch verbrannt!" Na und?

Zeig mir doch, wie du es meinst! Wo muss ich hinschauen, damit ich etwas sehe?!

Einen Namen hat jemand, der schuldfähig ist. Man erhält ihn, *um* schuldfähig zu sein. Man vergibt ihn, um auf jemanden zu zeigen.

Schuld zugewiesen wird über ein Urteil. Mit ihm richte ich über die Welt. Ich spei sie voll und leide anschließend darunter, dass ich nichts als mein Erbrochenes wiederfinde. Dabei ist es gar nicht notwendig, sich etwas hin und vor zu spucken. Denn: Ich bin immer derselbe.

Ein Ding wird durch seinen Namen. Daher: Still!

Nimm einen Haufen Kieselsteine. Greif einen Stein nach dem anderen, gib ihm einen Namen und leg ihn zur Seite. Wenn jeder Stein einen Namen hat, wirf sie alle wieder zu einem Haufen zusammen. Dann siehst du, welche Bedeutung Namen haben.

Erst wenn einer einen Namen spricht und dorthin zeigt, wohin ich meinen Blick nicht wenden kann, werde *Ich* und mit mir Schuld. Bis dahin sind meine Sinne Wegweiser, dann sind sie nach innen gekehrt, dann sind sie quälender Zweifel. Der Versuch, das Ich zu überwinden, ist Ausdruck einer Sehnsucht nach der Befreiung vom Schuldkonzept.

Wer Schuld von sich weist, weil er das Schuldkonzept nicht anerkennt, der wird dadurch auch nicht zum Opfer.

Weil das Huhn keine Schuld zuweist, ist es erleuchtet.

Verantwortung trägt nur jemand, der bei seiner Entscheidung eine faire Wahl hat. Eine faire Wahl würde aber nur dann bestehen, wenn die Entscheidung für eine der Alternativen absolut keine Folgen nach sich zöge. Daher: Es gibt keine Verantwortung.

Das Ich fällt mit der Vorstellung der Täterschaft. Wenn ich sage 'der Stuhl', so liegt darin eine Erweiterung des Ich, welches sich den Stuhl unterwirft. Denn erst wenn verfügt wird, gibt es Namen. Daher: Liefer dich aus![8]

Das Kind fragt nicht nach dem ersten Wort. Es hat sich noch nicht gesucht, da findet es seine Eltern.

Alles, was ich jetzt nicht bewusst vollziehe, tu ich jetzt nicht. Ohne den geistigen Vollzug des Reflektierens bleibt meine Sinneswahrnehmung außen.

Wie könnte das, was du mir zeigst, mich dazu verpflichten, nun immer so und so zu urteilen? Du kannst mich nicht überzeugen. Aus freien Stücken spreche ich zu oder ab.[19]

Kümmer dich nicht darum, was du siehst. Dass du verachtest, das macht dein Achten![20]

Lass das alltägliche Schuldbekenntnis beim Zeigen und Sagen Schuldbekenntnis sein. Es gibt keine Schuldfähigkeit. Es gibt keine Schuld.

Höchste Tugend ist ohne Tun, ist ohne Grund, weshalb sie täte. Niedere Tugend aber begründet die Tat. Daher: Gib auf die Täterschaft! Lass ab vom Tun![21]

'Jemand oder etwas ist, hat, macht, bringt, sucht, baut, zerstört ...' Mit solcher Rede wird die Schuld zugewiesen, *das* zu sein, zu haben, zu machen usw.

Durch jedwede Objektivierung wird Schuld zugewiesen. Nicht erst durch diejenige seiner selbst zum Subjekt. Doch letztere ist Bedingung dafür, Schuld *ertragen* zu müssen.

Sein heißt zuallererst: Träger von Schuld sein.

Was bin ich nun? Sobald ich zu dieser Frage anhebe, lautet die Antwort: Träger von Schuld.

Absichtsgeleitetes Handeln stiftet Sinn. Dadurch ist es ein Schaffen. Wozu aber sich etwas hinschaffen?

Das gleiche Verlangen, das jemanden veranlasst, ein Verbrechen zu begehen, spricht ihm das Urteil.[22]

Ich soll sagen, wie es ist?! In welcher Sprache denn?! Welcher Satz wäre unmissverständlich?! Welcher setzt nichts voraus?! Welche Wahrheit setzt nicht bereits sich selbst voraus?! Allgemeinbildung ist doch nur allgemeine Einbildung.

Der Stärkere siegt über das bessere Argument! Der Stärkste aber ist der Gleichmütige. Denn wer nicht kämpft, kann nicht besiegt werden. Daher: Lass das Argument Argument sein.

Welche Frage soll ich stellen?! Die wichtigste und dringlichste etwa? Welche aber ist das und warum? Siehst du, wie absurd das Fragen ist?

Eine Frage zu stellen, verlangt den Mut, das Ausbleiben der Antwort zu ertragen. Denn *ich* bin es bloß, der eine Antwort gibt. Und doch kann ich keine geben.

Wenn jemand auf etwas zeigt, könnte man entgegnen: 'Na und, wo ist das Drama?'

Wer bin ich? An dieser Frage soll ich zugrunde gehen. Denn erst wenn ich aufhöre *mich* zu unterscheiden, fällt alle Schuld.

Bin ich *der*? Bin ich *das*? Bin ich *so*? Bin ich ein *solcher*? Nein, nicht nur, vielleicht auch, manchmal zumindest, denke ich. Und bin ich *das*? Vielleicht das auch. Aber ist die Liste nun vollständig, die erzählen soll, wer, was oder wie ich bin? Muss nicht etwa eine weitere Differenzierung eines Eintrages vorgenommen werden oder müssen vielleicht zwei Einträge zusammengefasst werden, weil sie das Gleiche meinen? Widersprechen sich vielleicht sogar einige Einträge gegenseitig? So gehe ich zugrunde. Am Ende: Was hat diese Liste mit *mir* zu tun?

"Ich habe es gesehen, nun bin ich überzeugt!" Wie kann deine Überzeugung Gültigkeit haben, wenn du sie auch sogleich wieder vergessen könntest?

Was ist *gegeben*? Was muss nicht erst durch einen individuellen demonstrativen Akt aufgewiesen werden?

Der Zerbrochene begibt sich nach der Frage 'Wer empfindet?' nicht mehr auf die Suche, sondern antwortet: 'Niemand.'

Wo willst du hin? Was für ein Ding, glaubst du, ist der Weg, dass du ihm folgen möchtest? Bleib hier![23]

Du bist, der du bist: nicht gehört und nicht gesehen.

Die grundlegende Lehre ist, dass es keine Lehre gibt. Wozu sich einer Lehre verschreiben? Der Zerbrochene sagt: 'Lehre? Was ist das?'

Was hat Leben mit Freude zu tun? Wie, wenn ich lebe, aber nichts von Freude weiß? Wie, wenn ich leide, aber nichts von Selbstmord weiß? Was kann ich ersinnen, was mir nicht ein anderer erzählt? Es regt sich doch gar nichts!

Wer auffordert, bindet sich. Wer gewährt, löst sich. Alles, was ohne mein Zutun geschieht, ist gut.

Die Taten tragen die Saat zur eigenen Zerstörung bereits in sich. An ihnen geht der Täter zugrunde.[24]

Der Zugrundegehende sitzt still und meditiert. Der Zerbrochene bewegt Dinge, ohne ihnen Ausdruck zu geben.

Wovon wird dein Hunger gestillt?! Von Gedanken über Gott?! Geh und bestell das Feld! Wenn am Abend die Glieder schmerzen, war es ein guter Tag.

Da ist ein Satz. Was soll ich mit ihm anfangen??

Wo ist ein Irrtum? Ich sehe keinen Irrtum. Wie stellst du einen Irrtum fest? Indem du sagst: 'Dies kann nicht sein, weil jenes *so* ist.' Sprich aber, wie stellst du fest, *dass* jenes so ist? Woran glaubst du wieder dabei? Bist du nicht müde, zu glauben und zu sagen, wie es ist? Dann gedulde dich noch ein wenig. Irgendwann bist auch du still geworden und erinnerst dich nicht einmal mehr an all das Glauben, Sagen und Zeigen: Da ist Stille, gab es je etwas anderes?

"Du sagst, da wäre nur Stille. Woher weißt du das?" Wenn du dich nicht mehr darum kümmerst, was einer sagt, wirst auch du Stille erleben, indem du sagst: 'Ich höre nichts.'

Du willst eine Lehre suchen? Du willst dich selbst suchen? Du willst Gott oder Buddha suchen? *Wo* willst du suchen? Wo gibt es einen anderen Ort, als diesen?

Du bist immer derselbe. So gib nicht vor, du könntest irgendetwas durch irgendein bestimmtes Tun erreichen.

Was entscheidet, *worüber* ich nachdenke? Warum wundere ich mich über dieses und nicht über jenes? Aber gibt es überhaupt irgendetwas, worüber ich mich nicht wundere?! Wundere dich über *alles*, damit du zugrunde gehst!

Zeig mir deine Vorstellung! Demonstriere sie! Bring sie her! Da ist keine!

Hinter jedem Objekt, das ich benennen kann, steht 'ist mir bekannt'. Ein Objekt wird erst benannt *nach* seiner Bekanntmachung. Daher: Was sehe ich anderes als meine Erinnerung?

Die Schöpfung ist den Dingen gemeinsam. Fehlte den Dingen, wodurch sie ins Leben gerufen, sie würden gewiss verschwinden. Doch auch das Nichtsein ist aus dem Sein geboren! Es gibt weder das eine, noch das andere.[25]

Wenn du meinst, deine Rede wäre konsistent, nach welcher Theorie? Woher nimmst du ein Entscheidungsverfahren für logische Verträglichkeit? Was unterscheidet deine Theorie von einer Nichttheorie? Und überhaupt, die Widerspruchslosigkeit auch nur eines Begriffes kann allein durch den Nachweis dargelegt werden, dass etwas unter ihn fällt. Den aber erbringst du gerade nicht![26]

Zeig mir einen Widerspruch!

Auf auf, such nach der Wahrheit! Such überall nach ihr. Wenn du zugrunde gegangen bist, wirst du zurückkehren mit den Worten: 'Es gibt keine Wahrheit.'

Sagt man, es gibt nichts, das mit Worten erklärt werden könnte, so heißt das: predigen. Man darf den Menschen eben kein Konzept geben.[27]

Am Ende einer Argumentation steht immer 'weil das ja klar ist'. Das, woran der Urheber glaubt.

Ein Argument kann ein Ereignis nicht erklären, nur als ein so und so *beschriebenes*. Daher: Ich verstehe nichts.[28]

Was soll das Gerede von Einsicht und Erkenntnis? Es gibt keine Einsicht, es gibt keine Erkenntnis. Auch das ist keine. Sieh hin und zerbrich!

Sagt der Zugrundegehende 'Das ist wichtig!', so sagt der Zerbrochene 'Warum etwas wichtig nehmen?'. Sagt der Zugrundegehende aber 'Ich nehme es nicht mehr wichtig.', sagt der Zerbrochene 'Warum etwas nicht wichtig nehmen?'. Daher: Worauf stützt du deine Aussage?! Was folgt dem 'weil'?! Schau auf den *Grund* und zerbrich!

Das Selbst fernöstlicher Philosophien ist das, was übrig bleibt, wenn du von der Sprache abstrahierst. Als Übriggebliebenes ist es nicht Teil, sondern Ganzes. Daher: Es gibt kein Selbst.

So ist es nicht und so ist es auch nicht. Daher: Ich sehe nichts.

"Ich verstehe dich nicht." Weil es nichts zu verstehen gibt.

Wozu sich an das Konzept der Konsistenz klammern? Schläfst du besser, wenn du meinst, deine Rede wäre konsistent?? Gewähre deinem Denken auch seine Inkonsistenz, *dann* schläfst du besser.

Verlangst du nach einer Lehre, die den Sinn des Daseins zu erkennen trachtet? Ist es denn ausgemacht, dass man über das Dasein sagen kann, es habe Sinn? Statt nach einer Lehre zu suchen, lerne lieber, wie man es vermeidet, nach etwas zu suchen.[29]

"Wie bringt man den Geist unter Kontrolle?" Was ist der Geist? Wessen Geist? Nimm den Geist nicht wichtig. Dem Zerbrochenen ist es gleich, ob sein Geist tätig oder untätig ist.[30]

Die Welt ist erzählt, nicht erklärt. Wer sich befreien möchte, muss sein Augenmerk auf die Sprache richten.

Sieh doch vor dich hin! Wo ist da ein Satz??

Was meinst du zu wissen?! Antworte! Zerbrich!

Was bestimmt das Aufkommen einer bestimmten Frage in dir? Unter welchen Bedingungen kommen bestimmte Fragen *nicht* auf?

Wer fragt? Derjenige, der eine Wissenslücke verspürt. Also jemand, der meint, er wüsste bereits etwas. Erkenne, dass du nichts weißt und sei still! Dann verstummt die Fragerei. Welche Frage wurde denn je beantwortet?! Niemals noch ist eine Wahrheit unbedingt geblieben.

Welcher Zusammenhang *besteht*? Welchen müssten wir nicht erst *setzen*? Wer nach der Beziehung zwischen Zweien fragt, ist selbst das Glied, das sie verbindet.[31]

Wer erklärt?! Derjenige, der Angst hat.

Was müsste sich ereignen, damit jemand argumentieren könnte: 'Nun habe ich gezeigt, dass unter gleichen Umständen *nicht* Gleiches geschieht'?

Ein Zusammenhang ist stets bezogen auf eine bestimmte Anschauung der Erscheinungen. Daher: Es gibt weder Ursache noch Wirkung. Daher: Es gibt weder Täter noch Handlung.

Eine Erklärung ist immer eine Antwort auf eine Frage.

Trau dich solange zu fragen, bis dich das Frage-Antwort-Spiel langweilt.

Was bejahst du, wenn du verneinst? Was verneinst du, wenn du bejahst?

Wer fragt?! Wer *fragt*?! Derjenige, der Angst hat vor dem Unbekannten.

Welches Ereignis geschieht?! Dieses oder jenes?! *Ich* bin es bloß, der ein Ereignis formt.

"Du siehst, dies ist so, weil jenes so und so ist." Was beobachtest du anderes als eine bestimmte zeitliche Aufeinanderfolge von Vorgängen? Eine *Ursache* oder *Wirkung* beobachtest du nicht. Und was du nicht beobachtest, warum behauptest du davon im nachhinein, du hättest es beobachtet?[32]

Du magst von morgens bis abends zuhören. Jedoch, *was* hast du damit gehört??[33]

Sich hinstellen und sagen 'Dies!' oder 'So!'. Absurd der Lärm wie das, um dessentwillen man ihn macht.[34]

Oh Mutter Natur, ewig überwindest du mit deiner Stille alle Schöpfung.

Wozu Askese üben? Kannst du deine Einsamkeit nicht fühlen?

Wozu meditieren? Es gibt keinen Fortschritt. Du bist immer derselbe.

Begründetes Schweigen ist bloß ein Mundhalten, begründetes Nichthandeln bloß ein Stillsitzen. Daher: Schau auf den *Grund* und zerbrich!

"*Dies* ist zur Verwirklichung des Selbst unumgänglich." Sieh, ich weiß gar nichts davon. Auch weiß ich nichts von Verwirklichung, von einem Selbst oder von etwas Unumgänglichem. Und dennoch: Alles ist, wie es ist. Wozu also Begriffe einführen und ihnen Bedeutung geben? Weltverbesserer kommen und gehen.[35]

"Wie kann ich den Zustand höchster Glückseligkeit erreichen?" Es gibt keinen Zustand. Es gibt keine Glückseligkeit. Was könntest du also erreichen?

Der Fragende ist immer auch schon die Antwort.

"Das, worauf es letztlich ankommt, ist das Verhältnis zu seinen Mitmenschen." Wer fragt danach, worauf es ankommt?! Wer fragt nach Wert und Sinn?! Derjenige, der Wert und Sinn sucht. Daher: Es gibt weder das eine noch das andere.

Weshalb Besonderes auf Allgemeines reduzieren? Um es zu verstehen? Dabei, es gibt gar nichts zu verstehen.

Was überzeugt dich?! Zur Prüfung dessen, wovon du überzeugt bist, berufst du dich doch wieder auf dieselbe Methode, mit der du deine Überzeugung abgeleitet hast. Jedoch, ein Messapparat kann sich nicht selbst messen.

Was messen wir denn? Wenn ich einen Meterstab an einen anderen lege, hab ich ihn dadurch gemessen?[36]

Was ist ein Sachverhalt? Lass dir die angeblich sprachunabhängige Gegenständlichkeit nicht gerade von einem Wort suggerieren! Welche Sachverhalte und somit auch welche Tatsachen möglich sind, hängt davon ab, welche konsistenten Beschreibungen in der zur Verfügung stehenden Sprache konstruiert werden können. Weshalb ihnen also eine Wichtigkeit geben?[37]

Was liegt an einer Demonstration? In einer Demonstration einigen wir uns bloß mit jemandem.[38]

Was kann ich lernen ohne Vorwissen? Vorwissen aber habe ich keines. Woher sollte ich es nehmen?? Daher: Ich weiß nichts.

Beruhte etwas auf reiner Anschauung, bräuchte ich es nicht zu lernen. Daher: Ich weiß nichts.[39]

Probier einmal aus, deine Ansichten abzulegen. Was macht das? Sieh dich um, es macht ja gar nichts! Daher: Was liegt an einer Ansicht?

"Was du sagst, widerspricht sich." Was liegt an Konsistenz? Ich versuche nicht, etwas zu erklären, sondern bloß dir in deiner Sprache deine Betrachtungsweise als Betrachtungsweise vorzuführen. Frag dich, weshalb du dich gerade auf *diese* Betrachtungsweise berufst und nicht etwa auf eine andere. Und nach der Beantwortung frag dich, weshalb du gerade *diese* Antwort gegeben hast und nicht etwa eine andere. So gehst du zugrunde und lässt schließlich jede Betrachtungsweise Betrachtungsweise sein.

"Sollen wir uns aller Betrachtungsweisen entsagen?" Betrachte die Welt oder betrachte sie nicht, es macht keinen Unterschied. Du bist immer derselbe.

"Warum gibst du Unterweisungen?" Wie könnte ich mich erklären?! Was nimmst du wahr, wenn du nicht einmal deine Ohnmacht fühlst?! Erklär dich und deine Welt, geh zugrunde, zerbrich!

Wie bin ich meinen Feinden dankbar, dass ich meinen Speer gegen sie schleudern darf! Sie rufen 'Dies!' und 'So!' und fühlen sich überlegen. Aber ich verstehe nur 'Ua, ua!' Sie meinen etwas zu demonstrieren, dabei zeigen sie bloß mit dem Finger. Wer seid ihr, dass ihr ein Urteil sprecht?![40]

Sie lesen nicht, doch täten sie gut daran. Es würde ihnen helfen, zugrunde zu gehen. Denn je mehr sie läsen, desto weniger wüssten sie. Indessen, sie konstruieren Orthosprachen und Prototheorien, um sich selbst zu rechtfertigen.

Das Problem des Ich ist Ausgangspunkt für alle übrigen. Daher: Lass das Ich zugrunde gehen.

Es gibt kein Bewusstsein von einem Gegenstand, das nicht in einem Fürwahrhalten eines Existenzsatzes fundiert ist. Vielmehr, wo ein Subjekt sich bewusst auf ein Objekt bezieht, ist dies immer fundiert in einem Satzverständnis. Daher: Ich sehe nichts, ich verstehe nichts.[41]

Alles Beweisen setzt voraus, dass es Urteile gibt, deren Wahrheit ohne Beweis ersichtlich ist. Daher: Ich sehe nichts.[42]

Kümmer dich nicht um Gedanken. Wenn man sie zu ernst nimmt, führen sie zu Verwirrung.

Was soll ich dir erklären?! Vielleicht bin doch ich es, der sich irrt! Zu erzählen weiß ich viel, doch erklären kann ich nichts.[43]

Wer nach Klarheit sucht, sucht vergebens. Eine Klärung ist stets nur eine zweckmäßig hinreichende, keine endgültige.

Der Zerbrochene nutzt seine Sinne als Orientierungshilfe, *jetzt*, nicht als Namensgeber. Denn wer stets draußen bleibt, kann sich nicht in Gedanken verlieren.

Wer sagt 'dies', wendet sich vom Erleben ab. Er reflektiert.

Schau nicht auf den, der sieht. Denn: Weil er sich selbst nicht sieht, ist er erleuchtet. Daher: Raus!⁴⁴

Mit dem Geist ist es nichts. Erst schafft er den Körper samt Gehirn, dann behauptet er, er würde dort wohnen. Jedoch, forscht man nach, ob es überhaupt so etwas wie Geist gibt, dann findet man, dass es ihn nicht gibt. So verhält es sich mit allem, worüber man nachforscht.⁴⁵

Selbstherrlich bestimmt das Urteil seinen Gegenstand.⁴⁶

Was kümmert dich die Wahrheit? Du kennst sie! Wahr ist nur der Augenblick. Zufriedenheit stellt sich ein, wenn das Feld bestellt ist, der Regen übers Land zieht und das Dach dicht ist. In all dem aber kommst *du* nicht vor.

Der Zerbrochene verharrt bei den Gegebenheiten. Er sagt: 'Dies ist eine Gegebenheit!'⁴⁷

"Was muss ich tun, um Friede zu erlangen?" Bleib, der du bist. Gewähre deinem Dasein, gewähre deinem Sosein. Das ist alles.

Warum solltest du etwas bestimmtes tun müssen? Wer bist du, dass du sollst? Sieh vor dich hin: Wo ist ein Tun, wo ist ein Sollen? Wie kommst du denn darauf, dass eines sei?

Wer das Erscheinen der Welt ertragen kann, braucht keine Unterweisung. Daher: Gewähre deiner Welt.

Der Zweck geistiger Unterweisung ist es, den Geist des Zugrundegehenden zu zerbrechen. Denn der Zerbrochene sagt: 'Wo ist er geblieben, der einst Qualen litt?'

Sich ausliefern heißt, seine Individualität dem Ich zu überlassen.

Sag, was du weißt! Sag, wer du bist! Zerbrich!

Der Zugrundegehende sagt: 'Nicht dies, nicht dies.' Der Zerbrochene sagt: 'Was liegt am Nein sagen? Was liegt am Ja sagen? Was liegt an einer Stellungnahme?'

"Ich habe zu meiner Spiritualität gefunden." Es gibt keine Spiritualität.

"Es gibt nur das Selbst." Was für ein Selbst??

"Die Welt ist vergänglich." Was heißt vergänglich? Was heißt dauerhaft? Geh zugrunde an deiner Erkenntnis! Raus! Die Welt gibt es nur *in* dir. Liefer dich aus und sei still!

"Ich hatte eine Erscheinung." Beachte sie nicht.

Absurd zu sagen 'dies', denn: *was*?!

Den Gegenstand, den du meinst, musst du erst entwerfen. Daher: Ich sehe nichts.

Was ist ein Stuhl? "Das ist ein Stuhl." Das ist ein Urteil, was aber ein Stuhl?

Sieh doch vor dich hin, wo ist da Erkenntnis??

Eine Handlung zeigt sich in dem Maße, wie sie geistig vollzogen wird.

Hast du Bedürfnisse? Wonach?! Lass deine Bedürfnisse Bedürfnisse sein.

"Soll ich dem Apfel gewähren oder meinem Hunger und den Apfel essen?" Wenn solch ein Gedanke aufsteigt, ist er es, dem du gewähren sollst. Hingegen, wenn du hungrig bist, iss!

Solange du mit meinen Worten nichts anzufangen weißt, kann ich dir nur raten: Sieh hin, sieh hin, sieh hin! "Wozu? Was ist die Motivation dazu, hinzusehen?" Es gibt keine Motivation, sieh doch hin! *Du* sprichst von Motivation, also bist du auch derjenige, dem es obliegt, sie auszuweisen.

Der Sinn des Lebens ist es, keiner Teleologie zu verfallen. Was brauch ich Sinn und Zweck, wenn ich meinen Speer schleudern kann?!

Gewähre der Welt ihre Apathie. Gewähre sie dir auch selbst.

Schlafen wir besser, wenn wir uns Gedanken über Begriffe machen? Schlafen wir besser, wenn wir uns eine Rechtfertigung für unser ansonsten sinnloses Sein und Tun ausdenken? Ist nicht jede Sinnstiftung bloß Rechtfertigung? Der Sinnstifter erträgt keine Sinnlosigkeit, am aller wenigsten die eigene. Dabei sollten wir dann besser schlafen, wenn das Feld bestellt ist, der Regen übers Land zieht und das Dach dicht ist, wenn die Arme und Hände von der Arbeit schmerzen und das Feuer im Ofen wärmt.

Wer Sinn sucht, setzt Sinn voraus. Wozu irgendetwas suchen? Wozu irgendetwas voraussetzen? Was soll 'Sinn' überhaupt sein?? Was soll 'suchen' sein?? Was soll 'fragen' sein?? Du bist immer derselbe.

Alles, was viel bedacht wird, ist bedenklich.[48]

"Was soll ich tun?" Du bist nicht der Täter. Weshalb also ein Tun vor einem anderen auszeichnen?

Um eine Reihe von Strichen zu zählen, schreibe ich z.B. die Zahlenfolge '1, 2, 3, ...' so, dass unter jedem Strich eine Zahl steht. Woher weiß ich aber nun, dass ich unter jedem Strich nur *eine* Zahl geschrieben habe oder auch, dass ich nicht vielleicht eine Zahl übersprungen oder gar zweimal nacheinander hingeschrieben habe? Dazu bräuchte ich eine Methode des Überprüfens und eine weitere, die die Korrektheit der Überprüfung überprüft. Oder aber ich gestehe mir ein, dass ich bestimmte Formen erfassen, erinnern und vergleichen kann, gänzlich ohne an solch einem Tun beteiligt zu sein und ungeachtet der Frage, ob dabei irgendeine Realität geschaut wird. Mein Tun ist bloß ein Widerfahren.

Alles Überlegen wird von einer Frage geleitet. Jedoch: Was liegt am Fragen?[49]

Jedes Huhn ist erleuchtet, denn es war nie verblendet.

"Welcher Weg ist der rechte?" Du fragst nach einem Weg? Was für ein Weg?! Was soll das?! Versuch lieber zu ergründen, wo deine Welt anfängt!

Was überzeugt dich?! Dieses oder jenes?! Die Dinge sind immer irgendwie geartet. Warum überzeugt dich das eine, nicht aber das andere? Absurd zu sagen: '*Das*, aber nicht *das*.'

"Was soll ich tun?" Irgendetwas.

Welchen Grund gibt es, seine Stimme zu erheben? Was liegt am Schreien? Ich sehe nichts.

Was liegt an Erkenntnis? Sie fällt mit dem, der erkennt.

"Ich hatte eine Erscheinung." Der Stuhl hier?

"Welchem Weg soll ich folgen?" Du fragst nach einem Weg, dabei bist du schon längst da. Du warst noch nicht einmal fort. Wohin willst du? Es gibt kein Ziel. Es gibt nichts zu erreichen.

Wenn du aufhörst damit, herrscht Ruhe.

Was geschieht, geschieht. Ob du es beachtest oder nicht. Was hat die Welt mit *dir* zu tun?? Da ist die Welt, da bist du.

Wie äußert es sich, *wie* wir etwas meinen? Wir sagen 'So meine ich es!' und dabei machen wir eine gewisse Geste und Miene. Wir versuchen zu demonstrieren, wir versuchen zu zeigen. Aber dem Zeigen *entspringt* nichts. Da ist nichts auszumachen, was zu zeigen wäre. Die Welt musst du dir stets aufs neue hindenken, damit sie auch da ist.[50]

Frag weiter, immer weiter! Irgendwann kommt die Verachtung und du schreist: 'Alles ist falsch! Ich bin allein!' Doch die Verachtung und das Geschrei sind von kurzer Dauer. Müde wirst du der Worte, die du einmal gelernt, und es wird still ums Fragen. Der Zerbrochene sagt: 'Was bin ich müde meines Guten und Bösen.'[51]

Sieh dich doch an. Was liegt an deiner Hässlichkeit? Was liegt an deinem Hochhinaus? Du bist keiner Erweiterung bedürftig. Es gibt kein Ziel zu erstreben, keinen Zustand zu erreichen, keine Wahrheit zu erkennen, keine Glückseligkeit zu erfahren, keine Aufgabe zu erfüllen, keinen Weg zu beschreiten, keine Regel zu befolgen, kein Höheres zu sublimieren, kein Ding zu reifizieren, keinen Begriff zu ideieren, keinen Sinn zu finden, kein Selbst zu verwirklichen, kein Wesen zu ergründen, kein Nichtwissen zu beseitigen. Denn: Du bist immer derselbe.

"Man muss unterscheiden!" Tatsächlich? So oder so?

"Man muss unterscheiden zwischen Begründung und Erklärung." 'Wozu?' frag dich! Damit du ruhiger schlafen kannst? 'Warum?' frag dich! Weil es zwei sind? Wer setzt Zusammengesetztes zusammen?! *Wer* muss unterscheiden?! Wer *muss* unterscheiden?!

"Was du sagst, ist widersprüchlich." Widersprüchlich in Bezug worauf? Auf *dein* Konzept, auf *deine* Logik, auf *deine* Interpretation?

Laber nicht! Betrachte dein Reden als lebensweltliche Praxis, nicht als Äußerung von Erkenntnis.

"Warum gibst du Unterweisungen?" Warum nicht?!

Was suchst du nach Begründung?! Was heischst du nach Rechtfertigung für dein Tun?! Liefer dich aus!

Du musst vom Unterscheiden nicht lassen, aber begegne ihm mit Gleichmut.

Alles bewusste Handeln ist bloß ein regelgeleitetes. Man begründet sein Handeln durch Verweis auf eine befolgte Regel gegenüber den Partnern, die sich an dasselbe Regelwerk halten. Dies gilt auch für sprachliche Handlungen. Ob jemand eine Aussage für wahr hält, wird durch Regeln bestimmt, welche die Bedingungen festlegen, unter denen seine Sprachgemeinschaft die jeweilige Aussage für wahr halten würde. Nun sieh vor dich hin. Wo ist eine Sprachgemeinschaft? Wo ist eine Aussage? Wo ist ein Wahrheitsgehalt? Wo ist eine Regel? Jedoch, wenn ich frage 'Wo bist du?', sagst du sogleich 'Hier!' "Aber ist das nicht auch bloß eine Regel?" Das Frage-Antwort-Spiel wohl, dein Dasein nicht. Daher: Weshalb sich für einen Handelnden halten?[52]

"Der Solipsismus ist der einzig konsistente Standpunkt." Gewähre, dann brauchst du dir über Konsistenz keine Sorgen zu machen.

Wozu dich umdrehen? Das, was du siehst, ist doch immer nur dein Vorne.[53]

Gewähren ist nicht das Gleiche wie nachgeben oder ausweichen. Dieses heißt, seinen Speer nicht werfen zu wollen. Jenes heißt, sich auszuliefern, sich weder um Speer noch um Werfen oder Wollen zu kümmern.

"Wie lässt sich das Ich verstehen?" Warum denkst du über das Ich nach und leidest? Liefer dich aus! Raus!

Den Blick nach außen richten heißt: den Blick richten, ohne zu wissen worauf.

Was meinst du?! Da schwebt dir etwa ein Bild vor, mehr hast du nicht! Und selbst dieses Bild hat sich dir noch aufgedrängt.

Wenn du auch bist, der du bist, ohne dir über den Tod Sorgen zu machen, weshalb dann an den Tod denken? Weshalb überhaupt an etwas denken, worauf du ohnehin keinen Einfluss hast? Und worauf *hast* du Einfluss?? Liefer dich aus!

Wozu sich von Gedanken verwirren lassen? Kümmer dich nicht um deine Gedanken, beachte sie nicht, lass sie umherschweifen, lass sie kommen und gehen. Sie haben nichts mit dir zu tun.

Solange du dich als den Handelnden empfindest, musst du auch die Ergebnisse deines Tuns ernten. Das ist Abhängigkeit. Daher: Leg ab die Täterschaft.[54]

"Ich meditiere." Weshalb denken, dass du meditierst?

"Ich bin glücklich." Weshalb denken, dass du so und so bist?

Begriffe schaffen Ordnung. Wir benennen, um die Angst vor dem Unbekannten zu lindern. Jedoch, gewähre auch der Unordnung, gewähre deiner Angst. Dann brauchst du dich nicht um Ordnung und Sicherheit zu kümmern.

"Es ist alles Illusion." Zeig mir 'es', 'ist', 'alles', 'Illusion'! Worüber sprichst du?? Wenn du wissen willst, was wirklich ist, schieß dir ins Bein!

Wenn wir sprechen, *sagen* wir nichts. Wir geben vor, wir beziehen Stellung, wir sind Täter.

Buddha ist nicht erleuchtet! Entledige dich Buddha!

Gewähren heißt: sich frei machen vom Streben. Es gibt keine Erleuchtung, es gibt keinen Buddha, es gibt keine Lehre. Es gibt kein Selbst, es gibt kein Anderes, es gibt kein Nichts. Es gibt nicht dieses oder jenes.

Der Prediger sagt: 'Du sollst nicht begehren!', und predigt zur Knechtschaft. Doch was kümmern dich der Prediger und seine Predigt? Was predigt er, was du dir nicht selbst predigst?[55]

Authentisch ist, wer sich ausgeliefert hat.

Ich bin du bist ich. Es gibt kein Getrenntsein.

Du sprichst über Schicksal, andere nicht! Daher: Es gibt kein Schicksal.

Ein Gedanke ist nur wirklich als Gedanke. Ein Stuhl ist nur wirklich als Stuhl.

Manches findest du selbstverständlich, anderes bemerkenswert. Jedoch, wo ist der Unterschied zwischen dem einen und dem anderen??

Im Wald: Sieh eine Weile vor dich hin. - Nun zeig auf einen Baum und sag 'Baum'. Zeig auf den Weg und sag 'Weg'. Zeig in den Himmel und sag 'Himmel'. Nun sieh wieder eine Weile vor dich hin. - Was hat sich verändert? Was macht es, Dinge zu formen und zu benennen? Es macht ja gar nichts! Weshalb also den Bezeichnungen eine Wichtigkeit geben? Weshalb dein Leben nach 'Glück' und 'Unglück' ausrichten? Du bist immer derselbe. Hingegen, aus der Vielfalt erwachsen unsere Probleme.

"Kann der Zerbrochene Schmerzen fühlen?" Natürlich. Aber er misst ihnen keine Bedeutung zu. Sobald sie nachlassen, erinnert er sich nicht mehr an sie. Er sieht keine Veranlassung sich der Vergangenheit zu erinnern.

"Ich habe eine höhere Bewusstseinsstufe erlangt." Eine was??

Bewusstsein ist an *wiederholtes* Handeln gebunden. So fällt auch das Gefühl des Bewusstseins mit dem Gefühl der Täterschaft.

Im Wald: Sieh eine Weile vor dich hin. - Nun zeig auf einen Baum und sag 'Baum'. Zeig auf den Weg und sag 'Weg'. Zeig in den Himmel und sag 'Himmel'. Nun sieh wieder eine Weile vor dich hin. - Hast du eben etwas gesagt??

Du siehst eine krumme Linie auf ein Papier gezeichnet. Ist aber 'die krumme Linie' als Zeichnung auf dem Papier oder als Vorstellung in deinem Kopf?! Was für einen Sinn hat es also zu sagen: 'Da siehst du, dass diese Linie eine krumme ist'?[56]

Fühl deine Ohnmacht und gib die Täterschaft auf!

Ich hebe meinen Arm?? Was tu ich denn dabei? Schick ich elektrische Impulse durch Nervenbahnen? Kontrahiere ich Muskelfasern? Koordiniere ich das komplexe Zusammenspiel dutzender Muskeln und einzelner Teilbewegungen? Verdränge ich Luftmoleküle durch verschiedene organische Kohlenstoffmoleküle? Was also tu ich?! Ich gebe einen Befehl und der Körper gehorcht?? Absurd. Was soll ein Befehl sein? Wer soll ihn geben, woher soll er kommen, was soll ihn motiviert haben, wer soll ihn empfangen? Etwas von der Welt Verschiedenes?? Mit dem Konzept 'Ich und der Körper' ist es nichts. Wie mit allen Konzepten.

"Kann ich dir nicht demonstrieren, dass ich meinen Arm hebe?" Freilich, aber ein Täter kommt dabei nicht zum Vorschein.

Warum überzeugst du dich nicht davon, dass du noch zwei Füße hast, wenn du dich von einem Stuhl erheben willst? Es gibt kein Warum, du erhebst dich einfach. *So* handle![57]

Der Körper ist vielmehr ein Selbstregulator, er bedarf deiner Befehle gerade *nicht*. Lass lieber *du* dich von deinem Körper schicken. *Er* vermittelt dir den Befehl zu essen, über das Gefühl des Hungers. *Er* vermittelt dir den Befehl schlafen zu gehen, über das Gefühl der Müdigkeit. *Er* vermittelt dir den Befehl Dinge zu erkunden, über *seine* Sinneswahrnehmung und die Gefühle der Neugier und Angst. Steuerst *du* etwa deine Gefühle??

Ein Gedanke bedarf der Beständigkeit seiner Inhalte für die Dauer, die er gedacht wird. Der Denker schafft Beständigkeit, wo es keine gibt. Daher: Lass die Gedanken ziehen.

"Dieses Ding existiert aber eben!" Frag dich, welchen Zweck hat dieser Satz?! Was fängst du mit ihm an?! Wie, wenn du ihn *nicht* äußern würdest?! Ein Satz trägt zu meiner Welt nichts bei, er gehört ihr lediglich an.

Dinge *können* uns nur erscheinen. Denn wie ist entschieden, *welches* Ding überhaupt? Was ist von irgendeiner Umgebung *abgehoben*? Je nachdem der Geist seine Ideen kombiniert, variiert die Einheit.[58]

Wenn du eine Frage stellst, frag dich auch, ob sie überhaupt richtig gestellt ist. Was verstehst du unter den Wörtern, aus denen die Frage aufgebaut ist? Welche Art von Antwort würde dich befriedigen und weshalb gerade diese und nicht eine andere? Irgendwann wirst du des Fragens müde. Dann ist es still.

"Das *ist* so. Wir können es messen." Eine Messung liefert ein bestimmtes Zahlenverhältnis, sie liefert nicht deine Aussage.

Wie prüft jemand, ob etwas der Fall ist? Er kann nur nachsehen. Und dennoch: Der eine sieht so, der andere sieht so.

Wem sagt man 'Ich nehme wahr', was wird ihm dadurch mitgeteilt? Merkst du, wie wir uns nur selbst etwas erzählen können?

Wo steht geschrieben, wie man schauen muss, damit man etwas sieht? Ich sehe nichts.

"Wenn du nichts siehst, bist du irgendwie gestört." Was *muss* ich denn sehen? Was sehen denn *alle*? Was siehst *du*? Du deutest bloß.

Es geht nicht darum, sich verändern zu müssen. Es geht nicht um einen Verhaltenskodex, eine Moral oder Ethik. Ich bin, der ich bin, ob ich nun daran denke oder nicht. Es geht nur darum, das zu erkennen. Danach gibt es keine Erkenntnis mehr, das Konzept löst sich auf und mit ihm alle Begrifflichkeit.

Der Inhalt eines Begriffes nimmt ab, wenn sein Umfang zunimmt. Ist sein Umfang allumfassend, ist der Inhalt leer. Daher: Wer die Welt nicht sondert, weiß den Begriffen keinen Inhalt zuzuschreiben. Daher: Der Zerbrochene schweigt.[59]

Gewähren heißt: den Dingen ihren Lauf lassen, als wärst du zu krank, dich um sie zu kümmern.[60]

Du brauchst nicht versuchen, deine Gedanken auszulöschen. Ein Wunsch ist schließlich auch ein Gedanke. Gewähre ihnen, das befreit und verschafft dem Geist Ruhe. Lass den Denker erzählen. Du bist nicht der Denker.

Befreie dich von der Befreiung, das Übrige geschieht von allein. Wie loslassen und fallen.

"Warum gibst du Unterweisungen?" Mancher kann seine eigenen Ketten nicht lösen und doch ist er jemand anderem ein Erlöser.[61]

Die Umgebung und die Ereignisse ziehen am Zerbrochenen vorüber, ohne einer Beurteilung unterzogen zu werden. Es bildet sich nichts aus, was einem anderen irgendwie vorzuziehen wäre. Es steigt in ihm daher auch kein Verlangen nach Vernunft auf und also auch kein Interesse, einen irgendwie gesteckten Handlungsspielraum zu reflektieren und verschiedene Alternativmöglichkeiten abzuwägen. Das Außerachtlassen jedes Handlungsspielraums jedoch führt nicht zur Zwangshandlung, sondern zur Auflösung der Täterschaft. Fragt man den Zerbrochenen nach einer Begründung seines Handelns, erwidert er: 'Was ist Handeln?'

Ich sehe nur, was *alle* sehen.[62]

"Was tust du, wenn du abends nachhause kommst?" Was für eine Antwort erwartest du?? Dass ich mir die Schuhe ausziehe? Meine Familie begrüße? Mich ausruhe? Lese? Schreibe? Zu Abend esse? Mir die Zähne putze? Freunde treffe? Sport treibe? Über meinen Tag reflektiere? Atme? Nachdenke? Meditiere? Nichts tu? Hängt meine Betätigung nicht bloß von der Betrachtung ab und somit vom Betrachter? *Du* bist es, der mir mein Tun beilegt!

"Du widersprichst dir selbst." Das macht nichts.

Was ich nicht trenne, ist nicht getrennt. Daher: Ich sehe nichts.

Sie sagen 'Du bist Schuld!', bis alle weinen. Bist du nicht müde des Anklagens?

Was liegt am Rechtfertigen? Einer sagt: 'Wofür Kinder groß ziehen? Bloß Arbeit für den Totengräber!' Ein anderer zieht Kinder groß.[63]

Man kann den Zerbrochenen von nichts überzeugen, denn er lebt nach dem Prinzip der Unmittelbarkeit.[64]

Weshalb glaubst du an Sätze? Bediene dich ihrer als Orientierungshilfe. Aber nimm sie nicht zu ernst, sonst verläufst du dich.

Was liegt am Sinnstiften? Einer sagt: 'Ich esse um zu leben.' Ein anderer sagt: 'Ich lebe um zu essen.' Jedoch, beide leben sie, beide essen sie.

Was liegt am Fragen und Antworten, könntest du doch genauso gut davon lassen. Jedoch: Gewähre auch deiner Neugier, deiner Verwunderung, deinem Unverständnis. Du bist immer derselbe.

Die Ursache einer Schöpfung ist stets der Schöpfer. Wer hat *deine* Welt erschaffen? Wer erschafft sie jeden Morgen? Die Welt kommt nicht zu dir und sagt, dass sie da sei.

Wie fängst du an mit deiner erzählten Welt? Frag dich, welches Bruchstück nimmst du naiv auf? Welches ist *gegeben*? Du bist das, was frei von Naivität zurückbleibt.

Wie antwortest du? Nicht etwa so, wie du gelernt hast zu antworten?

Manche glauben 'Alles ist Schicksal: du sollst, denn du musst.' Andere glauben 'Alles ist Freiheit: du kannst, denn du willst.' Jedoch, was liegt an Schicksal? Was liegt an Freiheit? Was liegt daran, zu sagen 'Alles ist *so*'?[65]

"Gilt es Besitz aufzugeben?" Vor allem den Besitzer![66]

Wo willst du hin? Du bist nicht hier anders als dort, nicht jetzt anders als dann.

Schweigen heißt: auf nichts zeigen.

Sieh dir die Leute an, wie verschieden sie sind. Und dennoch, im Wesen alle gleich. Daher: Es gibt keine Bedeutung.

Der Zerbrochene zeichnet sich damit aus, was er *nicht* tut.

Selbst die Bösen unter den Menschen, warum sollte man sie verwerfen??[67]

Jemand der anderen eine Freude bereitet, so jemandem kommt kein Verdienst zu, nicht ist dies ein Ausdruck von Tugend. Und jemand der anderen Leid zufügt, von so jemandem wird keine Sünde begangen, nicht ist dies ein Ausdruck von Unrecht. Die Konzepte von Freude, Verdienst, Tugend, Leid, Sünde, Unrecht gibt es nur, solange du dich für den Täter hältst. Jedoch: Füge niemandem Leid zu! Denn dies kann nur verwirklichen, wer die Täterschaft aufgibt.[68]

Weshalb gerätst du aus der Fassung? Du könntest ganz ruhig bleiben.[69]

"Du verlangst zu viel." Ist es zu viel verlangt, zu bleiben, der du bist? Hingegen, ist es nicht viel mehr verlangt, danach zu trachten, anders zu sein?

"Was soll ich tun?" Bleib hier.

Wie kann man einen Eitlen von seiner Eitelkeit befreien? Wie kann man einen Nachdenklichen von seiner Nachdenklichkeit befreien? Indem man ihm begreiflich macht, dass es weder Eitelkeit, noch Nachdenklichkeit gibt. Aber: Wozu befreien, was nicht gefangen ist? Wer überzeugt mich von einer Gefangenschaft?!

"Weshalb soll ich mich bemühen, irgendetwas zu tun?" Wer verlangt das von dir? Aktivität schafft Unruhe. "Nun, wozu dann all diese Unterweisungen?" In geistigen Unterweisungen geht es nicht um eine Aufforderung, anders zu sein oder zu tun. Es geht nur darum, das zu erkennen. Sie sind an denjenigen gerichtet, der sie sucht. Aber viel wichtiger: Warum kümmerst du dich um meine Beweggründe?[70]

Wovon wüsstest du, hätte man dir nicht davon erzählt?

Gott ist nur im Geist des Anbetenden.[71]

Du läufst durch die Welt und erklärst und weißt. Wozu?? Du bist immer derselbe.

Wahrnehmen heißt: urteilen. Wo ist der Stuhl?! Wo ist dein Zuhause?! Wo ist deine Welt sonst, als in deinem Kopf?!

Was ich erzähle, ist nur eine Geschichte.

Was liegt an Innenschau? Weshalb deine Aufmerksamkeit auf das Ich richten? Weshalb es überhaupt beachten? Lass das Ich Ich sein. Hingegen, außen ist das, wo deine Sinne hinweisen. Verweile dort!

Misserfolge sind segenreich, denn sie lassen den Menschen zugrunde gehen. Daher: Selig sind die Scheiternden.

Was liegt an Gerechtigkeit? Wie kannst du jedem das Seine geben? Dies sei dir genug: gib jedem das Deine! Wirf deinen Speer![72]

Zerbrechen ist ein Ereignis, keine intellektuelle Erkenntnis.

Sieh dir die Welt an, wie sie daliegt. Was für einen *Grund* ziehst du aus ihr, um zu sagen 'weil ...'? Wieso sollte man ihre Erscheinung kategorisieren können? Warum in *diese* Kategorien, nicht in jene? Die Welt sagt nicht 'Ich bin verstehbar'. *Wer* sagt, sie wäre es? Was meinst du überhaupt mit 'etwas verstehen'? Was *beherrschst* du? Was kann dir unmöglich misslingen? Gewissheit ist bloß ein Gefühl. Jedoch, *du* bedarfst keiner Gefühle.

Wer glaubt, der Täter zu sein, muss auch leiden.[73]

Was liegt am Meditieren? Nur Aufmerksamkeit für den Meditierenden.

Brauchst du eine Anweisung für dein Tun?? Dann schreib dir eine hin.

Wozu antworten?? Im Verzicht auf die Beantwortung der als sinnlos erkannten Frage liegt Weisheit, nicht Resignation.[74]

Ob ein Satz für dich Sinn ergibt, hängt davon ab, ob ein anderer Satz für dich Sinn ergibt. Und welcher nun ist der erste Sinn? Wozu irgendeinen Sinn in die Welt setzen? Du bist immer derselbe.

Erkenntnis heißt: Erfahrungen in einen Zusammenhang bringen. Daher: Es gibt keine Erkenntnis.[75]

'*Ist* das deine Hand? Ist *das* deine Hand? Ist das *deine* Hand? Ist das deine *Hand*?' Und könnte jemand auch angeben, welche Frage er meinte, so setzt ihre Beantwortung doch die Beantwortung der anderen bereits voraus. Daher: Ich sehe nichts.

Der Zugrundegehende macht sich Bilder zu Tatsachen. Der Zerbrochene sieht sich Bilder nur an.

Damit jemand eine Behauptung versteht, muss er zwar nicht wissen, ob sie wahr ist, aber er muss wissen, wie sich feststellen lässt, ob sie oder die ihr entgegengesetzte Behauptung wahr ist. Daher: Ich verstehe nichts.[76]

Ein Hörer wird deine Behauptung nur dann glauben, wenn du ihm einen Grund nahelegst, weshalb deine Aussage eine wahre sein sollte. Wohlan, mach eine Aussage und sei dir selbst der Hörer, gib dir explizit sämtliche Gründe für die Wahrheit deiner Aussage. Vergewissere dich aber, dass deine Liste auch vollständig ist und prüfe jeden einzelnen Grund gründlich, das heißt sieh zu, dass ein Irrtum in deinen Prüfungen ausgeschlossen ist. So gehst du an einem einzigen Satz zugrunde. Dann wirst du erwidern: 'Weshalb etwas behaupten??' Und das ist keine Frage, die nach einer Antwort verlangt, sondern Ausdruck großer Verwunderung. So wird es still.

Das einzige, was der Fall ist: Du bist da.

Wer oder was entscheidet über Wahrheit?! Das Experiment? Der Experimentator! Nur *er* trägt das Konzept von Wahrheit. Das Experiment sagt nicht 'ich bin wahr'. Die Welt ist nicht wahr oder falsch.

"Ohne Unterscheidung zwischen wahr und falsch fällt mein Bezugssystem und mit ihm mein Weltbild." Wohlan, lass es fallen! Was bleibt übrig, nachdem es gefallen ist?! Du.

Was liegt daran, einen Zusammenhang herzustellen? Wozu irgendwelche Erscheinungen irgendwie verknüpfen? Weshalb sich irgendwelche Ursachen vorsagen und sich gegenseitig zunicken? Es gibt nichts zu verstehen. Geltungsansprüche von Aussagen werden nicht geprüft, sondern *anerkannt*. Daher: Gewähre auch deiner Einbildungskraft.[77]

Wer spricht, setzt voraus. Aber noch wichtiger: Wer hört, setzt voraus.

Ich stell mir vor, jemand tritt vor mich hin und spricht aufgeregt in einer mir unbekannten Sprache und deutet wilde Gesten. Danach erklärt mir ein Übersetzer, dass jener Mann die Weltformel gefunden und sie mir gerade kundgetan hätte. Ich wäre sehr erstaunt. *Das* war die Weltformel?? *Darauf* hat die Welt gewartet?? Nun hat man sie gefunden, sogar mir erzählt, und ich habe es noch nicht einmal gemerkt?!

Was verstehst du?? Was *verstehst* du?? Was verstehst *du*?? Es lässt sich nicht festmachen, was es denn sei, das verstanden werden soll, noch was es bedeute, etwas zu verstehen, noch wer es denn sei, der da versteht.

Was heißt es, etwas *auszuweisen*? Zeigen, wie es ist? Wie aber zeigst du, wie demonstrierst du?! Was setzt du dabei stets voraus und welche Lücke bleibt stets bestehen? Wann hast du fertig gezeigt? Wirst du des Zeigens nicht müde?

Die Menschen, was soll man sie lehren? Man darf ihnen kein Konzept geben. Sagt man ihnen 'Du bist Sein', so denken sie, dass sie Sein wären. Sagt man 'Es gibt nur Sein', denken sie, dass es nur Sein gebe. Daher sagt man besser: 'Du bist nicht so und nicht so, nicht dieses und nicht jenes.'

"Ich verstehe dich nicht." Na und?

"Du verstehst mich nicht." Na und?

Erst fuchtelst du mit den Armen, gibst Laute von dir und behauptest, das wäre ein Stuhl. Nun fuchtelst du wieder und gibst Laute von dir, behauptest aber, das wäre ein Ball. Daher: Ich verstehe nichts.

Was ist es, das du siehst? Eine Antwort auf diese Frage vermittelt irgendetwas, nur nicht *das*. Ist dir nicht all *dieses* gänzlich fremd, das Dasein hingegen das Allervertrauteste?[78]

Ich sehe nichts. Indessen, du schaffst jeden Morgen aufs neue. Aus nichts soll etwas werden: das Gute und das Schlechte, das noch Bessere und noch Schlechtere. Wer sollte dich auch daran hindern? Des Schaffens kannst du nur selbst überdrüssig werden. Was fehlte dir denn, würdest du nicht schaffen, sondern alles bei sich bewenden lassen? Und was liegt am Schaffen überhaupt? Haben sich die Seins- und Sinngaranten nicht sämtlich als nichtig erwiesen?[79]

"Du sagst, du siehst nichts. Aber siehst du nicht wenigstens das?" *Was*?!

"Dies ist ein Stuhl, ich habe so etwas schon oft gesehen." Tatsächlich? Was aber ist dein Kriterium dafür, dass du dich auch richtig erinnerst?[80]

Wirf ab die schweren Worte und Werte, die dir einst in die Wiege gelegt! Dann ist es leichter mit sich selber auszuhalten.

Die Welt ist so abhängig von uns im Ganzen, wie wir es von ihr sind im Einzelnen. Daher: Wenn du hungrig bist, iss![81]

Das Subjekt gehört nicht zur Welt, sondern ist ihre Grenze. Daher: Raus! Raus in die Welt![82]

Ich habe diesen Haufen gemacht?? Wer sagt das? Der Haufen sagt das nicht. Mama und Papa sagen das! Und weil Mama und Papa die Welt sind, ist der Haufen mein und der Täter geboren. Dabei, was haben der Haufen und Hintern und Darm und Magen und Mund auf und Nahrung hinein und 'Brav hast du gegessen!' mit *mir* zu tun?! *Da* bin ich.

Der Zugrundegehende möchte sich befreien von den Zwängen der Sprache, die ihm auferlegt werden, sobald er über die Sprache nachdenkt, aber auch nur solange er über sie nachdenkt. Daher: Lass die Gedanken Gedanken sein, lass Zwang und Freiheit Zwang und Freiheit sein. Kümmer dich nicht um sie, dann berühren sie dich nicht.

"Was bedeutet Entsagung?" Sich nicht als Individuum zu betrachten. Damit wird die Trennung des Ich von der Welt nicht vollzogen. Aber bemühe dich nicht der Entsagung. Vielmehr, lass alles Bemühen beiseite.

"Du bedienst dich verschiedener begrifflicher Konzeptionen, die sich nicht miteinander vereinen lassen." Na und? Es gibt nichts zu vereinen. "Weil alles Eins ist?" Wo ist alles? Wo ist Eins? Wo ist Identität? Wozu sich über begriffliche Konzeptionen das Hirn zermartern? "Damit der Geist und das Reden klarer werden." Was liegt daran, eine Unklarheit durch eine andere klären zu wollen? Es gibt keinen klaren Geist, es gibt kein klares Reden. Hingegen, gewähre der Unklarheit, dann verschwindet das Verlangen nach Klärung: Ruhe gewinnt, wer Klarheit und Unklarheit nicht beachtet.

"Ich übe Yoga." Wozu? Wozu neue Bürden den schon vorhandenen hinzufügen? Der Mensch steckt ohnehin voller Ideen über die Welt und das Leben, nun kommen noch die aus dem Yoga hinzu.[83]

Wo willst du hin?! Du bist da!

Kein Argument! Sieh vor dich hin und zerbrich!

Die Krankheit des Zugrundegehenden ist die, erklären zu wollen.[84]

Mag es gewesen sein, wie es war. Mag es sein, wie es ist. Mag es kommen, wie es kommt. Du bist immer derselbe.

Sieh den Mann dort. Fragt er? Erklärt er? Was tut er? Du vermagst es nicht auszumachen. Daher: Was liegt am Fragen, was liegt am Erklären? Du bist immer derselbe.

Innenschau?? Was siehst du in dir drinnen? Nichts, du drehst dich bloß im Kreis. Raus aufs Feld! Lass deine Sinne wahrnehmen, anstatt ihre Wahrnehmung zu interpretieren!

Mit rauen Händen das Feld bestellen, das ist geistiges Fasten.

"Warum spricht ein Meister?" Weil *du* sagst: 'Er spricht.' Erst das Urteil macht den Täter.

Man muss eine Weile fallen, um zu merken, dass man gar nicht fällt.

Schlaf, Zustand, Vergessen, Wachen, Geist, Tätigkeit, was sollen all diese Begriffe?? Wovor hast du Angst? Du bist immer derselbe.

Die Welt erscheint, sobald du morgens aufwachst. Wo ist sie also?![85]

Was willst du lernen?? Verlerne! Denn woran du glaubst, hängt davon ab, was du gelernt hast. Wie könnte das Kind an dem gleich zweifeln, was man ihm beibringt?[86]

"Ich übe Yoga." Wen interessiert das??

Es flimmert, schwirrt, wallt, rauscht, blitzt, knallt: Das ist die Welt. Wie kann ich mich da hinstellen und sagen 'dies' und 'so' und 'weil'? Weil *was*?!

Was liegt an deiner selbst?! Sprich dein Wort und zerbrich![87]

Du sagst: 'Das ist ein Baum.' Später sagst du: 'Es war doch kein Baum.' Was liegt also daran, auf deinem Wissen zu beharren? Wie kannst du sagen 'Ach, *so* ist das!' wenn das Täuschende dir zuvor genauso gewiss erschien? Worauf gründest du dein Urteil?[88]

Ohne Erinnerung gibt es nichts, was dich vom Gewahrsein des Augenblicks ablenken könnte. Daher: Raus! Vergiss den Stuhl, vergiss dich selbst!

Du bist nur dann der Täter, wenn du dir erzählst, dass du es wärst.

Was soll das heißen, du beobachtest, du bezeugst? Bleib draußen! Es gibt nichts zu beobachten, es gibt nichts zu bezeugen!

Da ist weder Sinn noch Unsinn, weder Sinnhaftigkeit noch Sinnlosigkeit. Sinnvoll ist das Leben nur derjenigen, die ihre Sinnlosigkeit nicht akzeptieren wollen. Sinnlos ist das Leben nur derjenigen, die ihrem Dasein keinen Sinn geben wollen. Beobachte ein Huhn. Du musst lange warten, bis es ruft 'Sinn, Sinn!' und genauso lange musst du warten, bis es ruft 'Sinnlos, sinnlos!'

Dies ist ein Stuhl? Wo fängt er an, wo hört er auf? Zeig mir seine Grenze! Du wirst feststellen, dass du weder auf sie zeigen noch auf sie schauen kannst. Vielmehr, je genauer du hinsiehst, desto stärker flimmert es bloß. Daher: Ich sehe nichts. Was liegt daran, in die Luft zu zeigen und zu sagen 'Stuhl'?

Das ist es, worauf die Welt gewartet hat?? Nimm den Erst-besten und präsentiere ihm deine Erkenntnis. Wird er dar-aufhin in Jubel ausbrechen? Wird er nicht vielmehr sagen: 'Häh?'

"Ach, es gibt nichts zu erreichen? *Darauf* hat die Welt ge-wartet?" Ua, ua!

Das einzige Mittel gegen Geist, Verstand und Wahrheit: Still![89]

Unterweisungen sind für diejenigen bestimmt, die eine Vielfalt sehen. Dabei, es gibt weder Gebundensein noch Befreiung.[90]

Was suchst du?! Es gibt nichts zu finden!

Wer den Blick nach innen richtet, wird am Nichtsfinden und Nichtssehen zugrunde gehen. Dann überlässt er das Sehen seinen Augen und ist still.

Etwas wahrnehmen heißt, der wahrgenommenen Dinge und Ereignisse gewiss zu sein. Daher: Ich sehe nichts.[91]

Du hast die Erfahrung gemacht, dass es Dinge gibt. Du er-lebst Dinge, also gibt es sie in deiner Welt. Ich habe die Erfahrung gemacht, dass es keine Dinge gibt. Ich erlebe sie nicht und daher gibt es sie auch nicht in meiner Welt. Und dennoch sagen wir beide 'Wir leben in derselben Welt'.

"Das ist ein Berg." Das soll ein Berg sein? Ist es dir nicht seltsam, dass du einen Satz von einem *Bild* willst ablesen können? Erforsche die Bilder, nicht mittels ihrer etwas anderes![92]

Ich sehe keine Dinge. Was hat dich von den Dingen überzeugt??

Ich sehe überhaupt nichts. Was hat dich vom Sehen überzeugt??

Existenz ist nur ein Gefühl. Beachte es nicht weiter.

Weißt du oder glaubst du zu wissen? Zerbrich!

Kann ich etwa meinen nächsten Gedanken bestimmen? Mir widerfährt vielmehr ganz unbeteiligt ein Gedankengang. Daher: Ich denke nicht.

Was liegt an einer Vorstellung? Mit einem heiß, leuchtend, flackernd Vorgestellten lässt sich nicht kochen.[93]

Das übliche Maß eines Dinges ist seine Geltung. Daher: Ich sehe nichts.[94]

Wenn *du* ohne Leid bist, wird auch anderswo keines sein. Reformier dich selbst, dann brauchst du nicht die Welt zu reformieren.[95]

Was willst du erkennen?? Gibt es Zweierlei, sodass das eine das andere erkennen könnte?[96]

An den tausend Antworten sollst du zugrunde gehen, an der ausbleibenden Antwort sollst du zerbrechen.

Wovon bist du Zeuge? Weshalb von deiner Widerfahrnis auf ein Getrenntsein schließen? Warum es nicht bei der Widerfahrnis belassen?

"Soll ich etwa vor der Welt die Augen verschließen?" Ganz im Gegenteil. Du sollst so genau und solange hinsehen, bis du feststellst, dass es gar keine Welt gibt: Die ganze Welt ist in dir.

"Leugnest du die Welt?" Ich leugne *deine* Welt!

Jeder weiß, wer er ist. Aber nur solange man ihn nicht danach fragt. Was also liegt am Fragen? Es folgt daraus nur Verwirrung.

Du schreist und fuchtelst, aber du zeigst mir nicht, was da ist!

Was, wenn ich den Schmerz ertragen kann? Wie, wenn ich fragte: 'Schmerz? Was ist das?'

Täter ist derjenige, der sagt: 'Er tut.'

Am Anfang war der Sinn. Denn die Welt kommt und geht mit ihrer Bedeutung.

Mal dir hin eine schwarze Fläche auf einen weißen Untergrund. Kannst du dein Auge auf die Grenze zwischen Schwarz und Weiß richten? Was also kannst du sehen, wenn du nicht einmal die einfachste und klarste Unterscheidung sehen kannst? Eine Unterscheidung kannst du nicht sehen, du musst sie erinnern. Deine Aufmerksamkeit *war* auf Weiß gerichtet, jetzt ist sie auf Schwarz gerichtet. So siehst du doch nur Wiederholungen. Buch, Stuhl. *Dein* Buch, *dein* Stuhl. Hingegen, siehst du das Gavagai dort? Nein.[97]

Einzelnes gibt es nur im Vergleich. Daher: Ich sehe nichts.

Befreiung heißt, die Begriffe nicht mehr ernst zu nehmen. Vor allem den Begriff des Seins in all seinen Facetten: vom Bewusstsein bis zum Garstigsein. Das Haus des Seins ist lediglich die Sprache.[98]

Das Dasein ist ein Speerwurf. Schleuder deinen Speer *hinaus* in die Welt, nicht nach innen!

"Du widersprichst dir selbst." Na und? Was macht das schon? Es macht ja gar nichts!

Ich gehe ruhig diesen Weg weiter. Sollte ich an einen Abgrund kommen, so werde ich versuchen umzukehren. Das ist Gehen.[99]

"Du hast ein Buch geschrieben. Als was siehst du diese Angelegenheit?" Ich sehe nichts.

"Wie kannst du ein Buch schreiben, wenn du nichts siehst?" So wie du deinen Arm hebst.

Das Problem des Menschen ist sein Schaffen. Nach einer Weile Sotun zeigt er mit dem Finger und sagt: 'Krug'. Doch der Krug schweigt.

Befreiung besteht darin, die Dinge und Ereignisse nicht anzuerkennen als gesondertes Etwas. Daher: Ich sehe nichts.

Was soll ich mir erklären?? Ich weiß ja gar nichts.

Sieh nach und sag, wie es ist. So gehst du zugrunde.

Es gibt nichts, das von oben herabkäme, sich zeigte oder dich führte. Deine Natur brauchst du nicht erst zu denken. Sie ist ohne Schuld und ohne Pflicht. *Wo* ist Schuld? *Wo* ist Pflicht? Zerbrich![100]

Mit der Schuld fällt auch die Gerechtigkeit.

Ist das Dasein beklagenswert und erlösungsbedürftig? Nein. Denn: Du bist immer derselbe. Ist das Dasein erfreulich und erhalteswert? Nein. Denn: Du bist immer derselbe.

Es gibt keine Gerechten und Ungerechten. Wer leidet, leidet grundlos. Wer überhaupt irgendwie oder irgendwas ist oder tut, ist oder tut grundlos.

Es gibt keine ursächliche Beziehung, es gibt keine Verdorbenheit, es gibt keine Läuterung, keinen Schwund und kein Wachstum, keinen Lebenswandel, keine Erhabenheit und keine Niedrigkeit, kein Opfer und keine Darbringung, keine gute und keine böse Tat, weder Mutter noch Vater, keine rechte Auffassung und keine falsche Auffassung, keinen Hörer, keinen Erkenner, keinen Weg. Toren und Weise gleichermaßen werden zugrunde gehen und dem Leiden ein Ende machen.[101]

Was weiß ich, was meine Augen sehen?!

Zweifelst du daran, dass du zwei Hände hast? Nein? Warum nicht??

Wenn du dich fragst, ob du zwei Hände hast, würdest du dich durch Hinschauen davon vergewissern? Warum aber solltest du nicht deine Augen damit prüfen, dass du schaust, ob du beide Hände siehst? Was also wird wodurch geprüft? Wer entscheidet darüber, was feststeht? Daher: Ich sehe nichts.[102]

"Soll ich Yoga treiben?" Es spricht nichts dagegen, es spricht nichts dafür.

Sein oder Nichtsein, wo ist der Unterschied? Wie soll etwas sein oder nicht sein, was nie gewesen ist?

Wie kommst du darauf, nach einem Warum zu fragen? Was hat sich je in einem Begründungszusammenhang ereignet? Was soll das sein, ein 'Grund'?

Erst der Mensch schuf den Sinn. Darum nennt er sich Mensch, das ist: der Schätzende. Jedoch, dem Schätzenden ist sein Sinn sein Dämon.[103]

"Soll ich das Dasein nehmen, wie es ist?" Wie ist es denn??

Den Nektar trinken, so tut es die Biene. Die Weide grasen, so tut es das Pferd. Das Feld bestellen, so tut es der Mensch. Doch mancher Mensch will über sein Menschsein hinaus und sagt: 'Sinn!'

Die Beschäftigung mit westlicher Philosophie hilft, die Fallen des begrifflichen Denkens zu erkennen. Doch das handlungstheoretische Ergebnis ist das gleiche wie bei der Beschäftigung mit fernöstlicher Philosophie: Wer in keine Falle mehr tritt, tritt auch nicht in die des Tretens. Er tritt überhaupt nicht mehr.

Was kümmert dich Betrug? Betrügen lass dich, dann musst du nicht auf der Hut sein vor Betrügern.[104]

Was liegt am Bemühen? Alles Geschehen geschieht, ob du dich ihm widmest oder nicht.

Der Mann neben dir auf der Parkbank, was hat er nicht unglaubliches erlebt?! Und dennoch, er sitzt genauso da, wie du. Ein anderer wird gefragt, wen er denn da sitzen sieht und antwortet: 'Zwei Menschen.' Daher: Was liegt daran, was jemand erlebt? Du bist er ist du.

"Wie kann ich Befreiung erlangen?" Weshalb und wovon möchtest du befreit werden? Warum bleibst du nicht einfach, wie du jetzt bist?[105]

Gewähren heißt: *alle* Ereignisse nehmen, wie sie kommen.

Hattest du beabsichtigt, genau so zu sitzen? Und dennoch tust du es. Weil es deinem Wesen entspricht, jetzt so zu sitzen. Hattest du beabsichtigt, das Brot genau so zu teilen, in der vergangenen Minute 24 mal zu atmen und 3 mal zu zwinkern? Das ist absichtsloses Handeln.

Weshalb hältst du dich für den Täter? Antworte! Zerbrich!

Leg ab die Täterschaft, du bist immer derselbe!

"Wenn ich eine Frage stelle, kommt keine Antwort." Natürlich, was für eine Antwort erwartest du auch? Eine, die du anbeten kannst?? Bist du nicht da? Was willst du noch?![106]

Wenn du sprichst, welchen Satz wählst du? Denjenigen, der dir in den Sinn kommt? Denjenigen, der dir adäquat erscheint, deine Gedanken auszudrücken? Welche Rolle spielst *du* dabei?!

Nicht 'Was *sagt* dieser Satz?' frag dich, sondern 'Was *macht* dieser Satz?'.

Wer das Schweigen der Welt ertragen kann, braucht keine Unterweisung.

Wonach sucht der Suchende? Kann er es nennen, so hat er es bereits gefunden. Denn wäre es versteckt, wie wüsste er wonach er sucht? Daher: Es gibt kein Suchen, es gibt kein Finden. Du bist immer derselbe.[107]

"Warum gibst du Unterweisungen?" Was sage ich schon? "Du kannst nicht erst Unterweisungen geben und dann behaupten, dass du nichts sagst." Du willst mich festnageln. Frag dich, *warum* du das willst! Es gibt nichts festzunageln!

Der Zugrundegehende sagt: 'Was soll das Gerede, was soll das Geschwätz?' Hingegen, der Zerbrochene kennt weder Geschwätz noch Predigt.

"Wie kannst du sagen, dass du nicht sprichst?" Indem ich etwas anderes unter 'nicht sprechen' verstehe, als du. Und auch du wirst sagen, dass ich nicht spreche. Denn für dich gehört zum Sprechen eben, dass man solche Sätze nicht sagt. Jemand kann also antworten, wie ein verständiger Mensch, und doch das Spiel nicht spielen. Daher: Lass das Sprechen Sprechen sein. Lass den Zwang Zwang sein. Das ist Zwanglosigkeit.[108]

Du siehst zwei Kurven verschiedener Krümmung und doch bist du überzeugt, dass du zwei parallele Geraden betrachtest. Daher: Mit der Überzeugung ist es nichts.

"Was siehst du?" Keine Ahnung, ich sehe mir nur die Bilder an.

"Je *meine* Erlebnisse sind subjektiv gewiss!" Wohlan, berichte! Was erlebst du?![109]

Pilgern und anbeten - bis der Krebs kommt. Auch das hilft, zugrunde zu gehen.

Was liegt an Meditation? Was liegt an Yoga? Meditation, Yoga oder sonst eine Betätigung: wo ist der Unterschied??

Sieh in allem das Gemeinsame. So lernst du Gleichmut.[110]

Wer fragt, hat Angst. Und was ist Angst? Lass die Angst Angst sein, lass die Frage Frage sein. Du bist immer derselbe.

Wer bestimmt, was der Fall ist?! Es bedarf des Menschen, was der Fall ist, abzutrennen.

Du sagst, dass du denkst. Doch sagen, *was* du Denken nennst, kannst du nicht. Wer ist es, der denkt?? Was soll das für eine Instanz sein, nach der sich alles zu richten hätte? Wo ist Bedeutung, wenn sie nicht von dir beigelegt wird? Gedanken kommen, Gedanken gehen. Kümmer dich nicht um sie, du bist immer derselbe.

Du kennst die Blindheit und Taubheit, du weißt, wie deine Welt von deinen Sinnen abhängt. Aber die Konsequenzen ziehst du nicht. Es fällt dir nicht ein, die ganze Welt zu deiner Schöpfung zu machen. Wohlan, deinen Speer hast du geschleudert. An deiner Welt aber wirst du zugrunde gehen. Mit ihr gemeinsam wirst du zerbrechen.[111]

Was ist eine Empfindung mehr als eine Empfindung? Gewähre der Empfindung ihre Empfindsamkeit. Kümmer dich nicht um sie und überlasse das Wahrnehmen deinen Sinnen.

"Du unterscheidest nicht zwischen Gefühl, Empfindung und Wahrnehmung?" Wozu? Ich unterscheide auch nicht zwischen einem Hund und dem ersten Tag im Mai.

Was liegt an einem philosophischen Standpunkt? Wir sehen jeden Denker, sobald er durch praktische Bedrängnis aus seiner intellektuellen Beschäftigung vertrieben wird, sofort den allgemeinen Standpunkt einnehmen. Daher: Lass die Standpunkte Standpunkte sein. Kein Standpunkt hat je bleibende Geltung. Was hat er also mit *dir* zu tun?[112]

Die Welt ändert sich nicht, ob wir sie so oder so betrachten.

Stell dir vor, du würdest in eine unbekannte Welt geworfen, in der für dich *nichts* gegeben wäre. Jemand würde kommen und versuchen dich zu überzeugen. Er würde z.B. wild mit den Armen fuchteln und 'Ua, ua!' rufen. Wärst du überzeugt? Wohl kaum, denn: überzeugt wovon?! Wenn aber die auf dich einprasselnden Eindrücke hinreichten, so würdest du in irgendeiner Form reagieren. Die Art und Weise deiner Reaktion wäre bestimmt dadurch, wie du als Wesen beschaffen bist. Ein Vogel würde vielleicht davon fliegen. Ein Hund würde vielleicht zubeißen. Eine Kuh würde vielleicht weiter grasen. Das ist die ganze Welt. Wo gibt es da einen Handelnden? Lass einen Eindruck Eindruck sein. Lass eine Regung Regung sein. Lass einen Gedanken Gedanken sein. Du bist immer derselbe.

Es gibt nichts zu erkennen. Was neu ist, wird wieder verschwinden. Was überzeugt dich in dieser Welt?[113]

Du sagst, dass dies so ist?? Warum sollte ich dir glauben??

Was heißt es, den Arm zu heben?? Was heißt es, sich *so* zu bewegen?? Worauf soll ich achten während deiner Gebärde?? Es ist nichts auszumachen in der Welt!

Wie soll jemand antworten?! So oder so?!

Wo ist 'dort'? Wenn ich wissen möchte, wie es dort ist und mich dorthin begebe, befinde ich mich doch die ganze Zeit über hier.

Wollt ihr *mich* für die Welt verantwortlich machen, in die ich geworfen wurde? 'Verantwortung, Verantwortung! Dies, dies! Du, du! Schuld, Schuld! Ua, ua!' Mehr habt ihr nicht.

Was verleitet uns, über die Welt *so* zu denken? Die Art und Weise, wie wir über sie reden. Und so wenig wir unsere Ausdrucksweise verstehen, so wenig verstehen wir unsere Welt.

Ein Mann geht die Straße entlang. Da stechen ihm die saftigen Früchte eines Straßenhändlers ins Auge. Er kauft einige und ist nun begierig, sie zu verspeisen. Er eilt nachhause, stillt seinen Hunger und ist glücklich. Die Sinne dieses Mannes sind nach außen gerichtet. Daher: Raus![114]

"Es ist schwer, deine Anweisungen zu befolgen." Es ist schwer, derjenige zu sein, der du bist? Wie schwer aber ist es, jemanden von etwas zu überzeugen, das es gar nicht gibt?! Doch bedenke: Befolgst du meine Anweisungen, so sind sie vergebens.

Du kannst die Anweisung, nicht an einen Hund zu denken, nicht erfüllen, da du zur Ersinnung und Kontrolle deines Andersdenkens stets mit dem Gedanken an einen Hund vergleichen müsstest. Dennoch wirst du zustimmen, dass du die meiste Zeit tatsächlich nicht an einen Hund denkst. Währenddessen aber trägst du zu diesem Nichtdenken überhaupt nichts aktiv und bewusst bei, sonst müsste der Gedanke an einen Hund ja wieder aufkommen. Du trägst dazu nichts bei, so wie du während des Schlafens nichts zu deinem Schlaf beiträgst. Daher gibt es auch keine Anweisung, die du zur Umsetzung des Gewährens befolgen könntest. Denn gewähren heißt gerade, sich der Dinge *nicht* annehmen. Zerbrechen muss jeder allein.

Wie verschieden ist doch die Erzählung des Nachhausekommens vom Nachhausekommen selbst. Was liegt am Erzählen? Was liegt an einer Geschichte? Es gibt keine Bedeutung. *Welche* Geschichte also willst du erzählen? Diese oder jene? Was hat eine Geschichte, die du erzählst, mit *dir* zu tun? Weshalb willst du dich schmücken? Du bist immer derselbe.

"Alle Lehren verkünden ein und dasselbe." Es gibt keine Lehren. Es gibt nichts zu verkünden. Weshalb über eine Lehre nachdenken? Liefer dich aus!

"Woher weißt du das?" Ich beanspruche kein Wissen. Ich versuche bloß mich in deiner Sprache auszudrücken. Prüfe, was immer du prüfen möchtest.

Jeder tut, was ihm gefällt. Jeder schleudert seinen Speer.[115]

"Ich möchte dem Höchsten dienen." Wer hat dir erzählt, dass es ein Höchstes gäbe, dem du dienen könntest? Wartet dieses Höchste etwa auf *deine* Dienste? Würde es nicht vielmehr fragen: 'Wer bist du, der du dich erdreistest, *mir* dienen zu wollen?! Wer bist du ohne mich?!'[116]

Was liegt an einer Offenbarung? Was sollte erst offenbart werden müssen, damit es gilt?

Du hattest eine Gotteserscheinung? Was nun aber ist eine Erscheinung mehr als eine Erscheinung? War sie als Erscheinung nicht verschieden von demjenigen, dem sie erschien? Und war die Umgebung der Erscheinung nicht bereits größer als diese? Lass deinen Gott Gott sein. Kümmer dich nicht um ihn, er kann für sich selbst sorgen.

Jede Existenz bedarf ihrer Gläubigen. Jede Handlung bedarf ihrer Täter. Jeder Begriff bedarf seiner Denker. Wo aber sind Gäubige, Täter und Denker? Nirgends.

Wie hebst du deinen Arm? *So*! Mehr hast du nicht.

Befrage dich selbst unermüdlich und unerbittlich, bis du an den tausend Antworten zugrunde gegangen bist und des Fragens müde wirst. An der ausbleibenden Antwort schließlich zerbrich! Dann liegt endlich der Trümmerhaufen vor dir, an dem du dir den Zeh stoßen kannst.

Versuch einmal, keine Gedanken aufkommen zu lassen! Spürst du, wie sie trotzdem aufkommen, wie sie unentwegt in dir aufsteigen, ganz ohne dein Zutun? Du bist nicht der Urheber deiner Gedanken. Gedanken kommen und gehen.

'Es denkt' sollte man sagen, so wie man sagt 'es blitzt'.[117]

Den Satz 'Ich bin hier' kannst du jeden Moment gebrauchen. Daher: Du bist immer derselbe.[118]

Da ist die Welt. Musst du erst sagen, was und wo und wie die Welt ist?

"Wie lassen sich freier Wille und Schicksalszwang miteinander vereinbaren?" Was soll das sein 'freier Wille', 'Schicksalszwang'? Gib dir selbst eine Antwort! Jede Antwort ist gut genug, um an ihr zugrunde zu gehen. Was ist 'und'? Was ist 'oder'? Was hat es auf sich mit den logischen Partikeln? Du machst von ihnen Gebrauch, als könntest du sie begründen. *Worauf* begründest du sie aber? Was ist Begründung? Wer begründet was und weshalb? Gibt es denn Zweierlei? Gibt es Getrenntes? Getrenntes wird von *dir* getrennt. Zusammengesetztes wird von *dir* zusammengesetzt.

Verstehe ich nicht das Zeigen, verstehe ich auch nicht 'Ich'.

"*So* hebe ich meinen Arm! Wenn du *dies* nicht anerkennst, trennen sich unsere Wege." Wohin trennen sie sich denn? Es gibt nur diesen Ort!

Frag nicht mich, frag dich selbst! Ich werde dir keine Antwort geben. Antworte dir fleißig und redlich. Irgendwann wird es still.

Es gibt keinen Unterschied. Warum es nicht dabei belassen? Niemand muss sich ändern.

Was bedarf es einer geltungstheoretischen Grundlage? Wir ziehen Kinder groß!

In der Nichtbeschränkung auf das Unmittelbare liegt erst die Zwecksetzung. Daher: Bleib hier und das Handeln hört auf.[119]

"Heißt das, wir sollen gar nichts mehr tun?" Als Handelnder leg bloß die Täterschaft nieder. Nimm hin, dass du nicht der Urheber deiner Handlungen bist. Dann stellt sich auch die Frage nach dem Tun nicht mehr. Liefer dich aus, es gibt keine Täterschaft!

Dem Zerbrochenen fällt es ebenso schwer, sich mit Gedanken zu befassen, wie es dem Zugrundegehenden schwer fällt, seine Gedanken ziehen zu lassen.

Was draußen passiert, hat keine Wichtigkeit. Wichtigkeit entsteht erst, wenn du dich nach innen wendest. Sie wird von dir in etwas hineinlegen. Daher: Raus!

Wozu einen Gedanken mitteilen? Wozu ihn für sich behalten? Kümmer dich nicht um deine Gedanken. Liefer dich der Grundlosigkeit aus!

Du bist, der du bist: der Körper, dies und alles übrige. Was liegt also daran, über deine Identität nachzudenken?

Ich sage so und doch sagt ein anderer anders. Das Reden ist eben nur Töne spucken.

Wohlan, zweifel an *allem*! So findest du schließlich das, woran du glaubst. Denn zum Zweifeln brauchst du Gründe. Jedoch, woher nimmst du sie?! Zerbrich![120]

Glaubst du jetzt, dass ich hier die Wahrheit rede? Warum glaubst du das?! Auch meine Worte sind nur gedichtet.[121]

Es gibt keinen Unterschied zwischen Sprechen und Schweigen. Denn wenn man auch den ganzen Tag spricht, so wird doch nichts gesagt.[122]

Ohne Drama, kein Kläger.

"Dieses ist so, jenes aber so. Woher kommt dieser Unterschied?" Welcher Unterschied??

"Was ist Täuschung?" Wenn du denkst, dass es *so* ist.

Gewähren heißt, den Unterscheidungen keine Beachtung zu schenken.

Was erklärst du? Antworte! Stammel, stotter, zerbrich!

Das, was du siehst, ist nicht das, wodurch du es beschreibst. Daher: Überlasse das Sehen deinen Augen, sieh nicht mit dem Verstand.

Ein Problem gibt es nur für denjenigen, der eines schafft.

Der Zerbrochene hat das Zeigen verlernt.

Was liegt an Angst? Sie kommt und geht.

Du redest und redest, doch worüber du redest, das sagst du nicht.

Ich steh morgens auf und geh abends wieder zu Bett. Was dazwischen passiert, warum muss ich das benennen?

Worum sich bemühen? Worum sich kümmern? Es gibt nichts zu erreichen, du bist immer derselbe. Das ist Gleichmut.

Du musst nicht über dein Ich meditieren. Du musst ihm nur gewähren, dann bist du befreit.

Brauchst du eine Anweisung?! Dann nimm diese: Setz dich hin und warte. Doch worauf du warten sollst, das verrate ich nicht. Und tu nichts anderes!

Wenn du auf den Bus wartest, dann nimmst du alle Ereignisse, welche nicht der heranfahrende Bus sind, nicht wichtig. Daher: Gewähren ist wie warten, ohne zu wissen worauf.

Stell dir die Frage nach der Identität: Wer bin ich? Du wirst feststellen: Du bist nicht dies, du bist nicht das. Und irgendwann gehen dir die Ideen aus. Dann ist es still.

"Bin ich denn kein Mensch?" Frag weiter! Was ist ein Mensch?!

Alles ist nur so wirklich wie der, dem es widerfährt. Alles ist innen, nichts ist außen. Daher: Raus![123]

Alles, worauf du deine Aufmerksamkeit richtest, ist Objekt, es gibt kein Subjekt. Alles ist außen, nichts ist innen. Daher: Raus!

Schweigen lernst du von Wald und Fels. Doch auch das Schweigen kam zu dir, nicht du zum Schweigen. Denn: Du bist immer derselbe.[124]

Du zeichnest die Welt und du zeichnest sie unvollständig und widersprüchlich. So schleuderst du deinen Speer. Das unscharfe Bild jedoch, von dem du sie abzeichnest und scharfzeichnest, das musst du ertragen.

Ich habe eine Erkenntnis! Doch morgen bereits erinnere ich mich nicht mehr an sie. Daher: Was liegt an Erkenntnis? Sie kommt und geht und alles, was kommt und geht, ist bloß Gespinst. Jedoch: Du bist da.

"Wie kann ich meinen Geist befreien?" Wovon??

Welcher ist *dein* Weg? Etwa dieser? Ist nicht jeder Weg nur ein Umweg? Wozu aber einen Umweg machen, sieh doch jetzt vor dich hin! "Was ist da?" Eben!

Raus! heißt: Wirf deinen Speer!

Die Beobachterrolle nicht verlassen: Oh, ein Ereignis. Oh, ein Ereignis.

"Ich verstehe dich nicht." Es gibt nichts zu verstehen. "Du hast Recht." Nein! Was ich sage ist nicht kritisierbar. Auch wer zustimmt ist noch nicht zerbrochen.

"Was meinst du damit?" Irgendetwas.

Es bedarf nur eines einzigen Wortes und du bist frei: Gewähre.

Stell dir vor, es wäre alles anders, als du denkst. Was macht das?! Es macht ja gar nichts! Und was macht es, sich das bloß *vorzustellen*?! Es könnte tatsächlich anders sein, du würdest es doch nicht merken. Was liegt also daran, zu sagen: 'So ist es'?[125]

"Dagegen lässt sich einiges einwenden." Na und? Gegen deine Einwände lassen sich weitere Einwände vorbringen. Die Welt hört nicht auf dich, was also liegt am Einwenden? Lass den Dingen ihren Lauf.

Gewähren heißt auch: nicht ablehnen.

"Ich sehe nichts auf der Suche nach dem Ich." Was soll es da auch zu sehen geben?[126]

Was soll das heißen 'Ich bin'? Was bedarf es dem Empfinden Worte? Wozu ein Satz?!

Wie *entscheidest* du, ob du *so* bist oder nicht? Wie entscheidest du, ob dein Befinden dem hinreichend nahe kommt, was du unter einem Sosein verstehst? Offenbar weist dein Reflexionsvermögen darauf hin, dass auch dein Befinden nur ein Äußeres ist, welches *dich* gar nicht berührt. Oder gibt es zwei Ich, sodass das eine das Befinden des anderen beurteilen könnte? Was also liegt an einer Entscheidung über dein Befinden und was liegt an ihrer Kundgebung? Weshalb dein Befinden zu einem Inneren kategorisieren, welches dann sogleich ruft: 'Ich, ich!'? Gewähre deinem Ich seine Egozentrik, überlasse sie *ihm*. Denn das Letzte bist immer *du*, nicht irgendein Ausdruck oder Eindruck. Und *du* bist immer derselbe, das heißt: du bist unabhängig.

Es gibt kein Nichtwissen. Es gibt kein Erwachen. Es gibt keine Illusion.

Was liegt an einem Standpunkt? "Aber ist nicht auch dies ein Standpunkt?" Sieh doch vor dich hin, ist da irgendein

Standpunkt auszumachen? Spürst du nicht, wie jeder Standpunkt nur soweit reicht, wie der Gedanke an ihn?

Gedanken sind nicht mehr als irgendwelche anderen Geschehnisse. Beachte sie nicht weiter, dann stören sie nicht.

Wo ist eine Grenze?? Mal dir hin, was du unter Grenze verstehst. Du wirst feststellen: Du kannst weder darauf zeigen, noch darauf schauen. Genauso verhält es sich mit den tausend Dingen: sie fangen nicht hier an und hören dort auf. Nichts, worauf du zeigen oder blicken könntest. *Wo* sind sie also?!

Stell dir vor, du sagst: 'Die Welt ist rund!' Dann gehst du zu Bett und schläfst ein. Was bedeutet es jetzt noch, ob die Welt flach oder rund ist? So verhält es sich mit allem Wissen und aller Bedeutung.[127]

Was soll das heißen: 'Woher kommt das?' Nur weil ich meine, mich irgendwie an irgendwas zu erinnern, denke ich nun, dass Vergangenes einmal zukünftig war?? Wo ist Vergangenes, wo ist Zukünftiges?? Bleib hier!

"Der Baum mit seinem grauen harten rauen Stamm, den vielen im Wind bewegten Zweigen, mit den glatten glänzenden weichen Blättern erscheint uns als ein untrennbares Ganzes." Laber nicht![128]

Ich sehe keinen Unterschied. Ich wundere mich, dass du einen siehst. Denn was sollte das sein? Wohin muss ich schauen, um so etwas zu sehen?

Wo ist eine Antwort?? Ich finde keine Antwort, die ich mir nicht selbst gegeben habe. Überhaupt, da ist nur Selbstgemachtes auszumachen. Doch wie bin ich müde, mir etwas zu erzählen.

Verschieden heißt: verschieden in der Art der Betrachtung. Du siehst, wonach du schaust.

Worauf du zeigst, das beherrscht dich. Wessen du aber gewährst, das vermag nicht dich zu beherrschen.

Du zeigst mir, was ich erst *vollziehen* muss. Du zeigst mir nicht, was da ist.

Deine Theorie, *was* beschreibt sie? Was ist ausgewiesen? Was gilt ohne dein Zutun? Was immer du siehst, *du* hast es geformt.

Mit deinem Fingerzeig unterwirfst du die Welt deinem Urteil und stellst damit dein Urteil *über* die Welt. Jedoch, was liegt daran, dich so groß zu machen? Was zeichnet dein Urteil aus? Was zeichnet *dich* aus?[129]

Gewähre dem sprachlichen Ausdruck seine Distanz zur Welt und zu dir.

Sieh nur den alten Mann dort. Wie absurd wäre es, ihn nach seinem Motiv zu fragen! *Sitzt* er da? *Schaut* er da? Was *tut* er? Frag dich, *wofür* es einer Motivation bedarf.

"Gibt es dafür einen besonderen Grund?" Nein. In der Grundlosigkeit bin ich zuhause.

Was tust du? Aus all dem, was sich ereignet, zeichnest du *das* heraus und sagst 'Ich'?? Absurd.

"Was ist Weisheit?" Du weißt nicht, was Weisheit ist, fragst aber danach, als wärst du dir sicher, dass es sie gibt. Woher dieser Glaube? Lass das Gerede Gerede sein. Sieh vor dich hin, es bedarf weder einer Weisheit noch etwas anderem.

"Wer einen Gegenstand lange genug ansieht, kann alles über ihn erfahren." Aber nur darum, weil es nichts zu erfahren gibt!

Was siehst du schon?! Schau in den Himmel, es flimmert eben.

Ich warte nicht. Worauf denn? Die Ampel zeigt rot, da stehe ich. Die Ampel zeigt grün, da gehe ich.

"Was ist das?" Garnichts.

"Was verstehst du darunter?" Irgendetwas.

Gewähre deinem Geist seine Rastlosigkeit, dann vermag er nicht dich zu beherrschen. Unabhängig sein heißt, die Täterschaft niederzulegen und jeder Regung ihr Regen zu gewähren. Es heißt nicht, jeder Regung nachzugeben.

Prüfe das, was dir begegnet, streng und gründlich. Dann wirst du sagen: 'Weder finde ich eine Methode des Prüfens, noch finde ich etwas zu prüfen. Mir begegnet ja gar nichts!'

Was liegt am Fragen? Zum Fragen wird man doch nur von irgendeiner Redeweise verleitet.

Was auch immer in dir aufsteigt, ich werde dir abraten, es zu beachten. Geh zugrunde! Stirb! Gewähren heißt: seine Identität sterben lassen. Daher: Der Zerbrochene ist ein Verstorbener.

Wem die Regeln eines Spiels unbekannt sind, der ist auch kein Mitspieler. Daher: Ich sehe nichts.[130]

"Was steckt hinter den Dingen?" Du.

"Ich hatte eine Erscheinung." Na und?

Warum sich über das Ungewöhnliche wundern, warum nicht über das Alltägliche?

Um auf einen Gegenstand Bezug nehmen zu können, muss er spezifiziert werden. Es muss angegeben werden, *welcher* von allen gemeint ist. Daher: Ich sehe nichts.[131]

Eine Erklärung ist bloß eine bestimmte Betrachtungsweise. Was aber liegt daran, eine bestimmte Betrachtung vorzunehmen? Wozu zwischen der Welt und dir eine Distanz schaffen? Blieb hier! Ein Ereignis, ein Ereignis, ein Ereignis.

Wenn ein Satz in dir aufsteigt und du das Bedürfnis verspürst, ihn zu äußern, frag dich sogleich, was du mit seiner Äußerung bezwecken möchtest. Was schafft dir dein Ich zu intervenieren? Weshalb die Welt nach den Vorstellungen des Ich gestalten? Gewähre deinem Ich auch sein Mitteilungsbedürfnis, dann spielt es keine Rolle, ob du sprichst oder schweigst. Daher: Wer gewährt, ist unabhängig.

"Weshalb gibst du Unterweisungen?" Kümmer dich nicht um meine Beweggründe.

Suche die Welt, suche das Ich. Das ist der Weg, ihnen zu gewähren. Denn weder wirst du sie finden, noch einen Beweis dafür, dass sie nicht existieren. An der Suche aber wirst du zugrunde gehen und die Suche schließlich einstellen. Dann ist alles still und friedlich.

"Ich meditiere." Wozu? Warum bleibst du nicht einfach so, wie du bist, ohne zu meditieren?[132]

Du musst dich nicht ändern, du musst nichts bestimmtes tun. Nur darauf kommt es an.

Kannst du ein Gebot geben, das bindend verpflichtet?? Kannst du eines geben, das *gilt*?? Eines, das mich zwingt, es anzuerkennen?? Brich ab die Heiligkeit![133]

Ich sehe den Stuhl, weil ich ihn *jetzt* sehe. Daher: Ich sehe ihn nur, solange mich niemand danach fragt.

Das Kind sieht und greift Objekte *bevor* es sie nennen und zeigen kann. *So* handle!

Der Zugrundegehende hat noch gewisse Zweifel *nicht*. Denn unsere Fragen, Urteile und Zweifel beruhen darauf, dass gewisse Sätze vom Zweifel ausgenommen sind. Daher: Zweifel an *allem* und es wird still.[134]

"Was lehrt dich die Erfahrung?" Nichts.

Ein Urteil ist nur dann Erkenntnis, wenn seine Wahrheit ersichtlich ist. Daher: Es gibt keine Erkenntnis.[135]

Wo ist ein Irrtum, wo eine Korrektur? Was soll hier womit ersetzt werden?

Was siehst du?? Zu vertraulich tust du mir mit der Welt!

Wo du etwas siehst, dort waltet der Schöpfer aller Dinge.

Wer nirgendwo Gewissheit findet, kann auch des Sinnes seiner Worte nicht gewiss sein. Daher: Wer etwas zu sagen glaubt, zweifelt noch nicht tief genug.[136]

Alle steigen sie auf und rufen 'Dies!', nur ich allein bleibe zurück. Denn die Zugrundegehenden sehen hell und klar. Der Blick des Zerbrochenen hingegen ist trübe.

"Ich handle nicht mehr, ich beobachte nur noch." Du weißt dich als Zeuge, das ist noch ein Wissen zu viel.

"Warum gibst du Unterweisungen?" Du fragst mich warum? Ich gehöre nicht zu denen, welche man nach ihrem Warum fragen kann. Es ist lange her, dass ich die Gründe meiner Meinungen erlebte. Schon zu viel ist es mir, meine Meinungen zu behalten. Das ganze Konzept des Grundes habe ich wieder verlernt. Denn was für ein Grund ist auszumachen?? Wie könnte ich mich erklären??[137]

Wozu sich gegenseitig die Welt erzählen? Wovor hast du Angst?

Am Grunde liegt der unbegründete Glaube. Daher: Ich sehe nichts.[138]

Eine Weltanschauung hat, wer sich die Welt nicht angeschaut.

Wie erklärst du? Wonach entscheidest du, was für deine Erklärung relevant ist? Nach welchem Kriterium ist deine Erklärung abgeschlossen? Sieh, wie über all das diskutiert wird! Gibt es doch so viele Erklärungen wie Erklärende. Daher: Wenn du nach einer Erklärung verlangst, nimm irgendeine. Diskussionen werden durch eine *Entscheidung* beendet.

"Wer bin ich?" Nicht der, nicht dies. "Das verneint nur." Weil du nicht irgendetwas bist, was du dir ausdenken könntest. Was liegt daran, nach deiner Identität zu fragen?

Wenn du das unbedingt möchtest, so frag dich selbst. Zugrunde gehen muss jeder allein.[139]

Ich sehe nichts, was jetzt gleich ist wie dann.

Seltsam, was die Leute dir alles reden. Seltsam, was sie dir alles wissen. Mir schweigen sie immerzu: Ich höre nichts. Denn was macht es, wenn einer redet?! Es macht ja gar nichts! *Was* also sagt er? Unhörbar dreht sich die Welt.[140]

Du hörst Glockenschläge?? Wodurch unterscheidest du den zweiten Schlag vom ersten? Warum hältst du nicht alle die gleichen Schläge für *einen*? Bleib hier! Ein Ereignis! Ein Ereignis! Ein Ereignis![141]

Der Zerbrochene erwartet nicht mehr von der Welt, als er in sie hineinlegt.

Was liegt am Gesetz? Schreibst du dir eines hin, verlangt es dir auch Richter und Täter, Rächer und Opfer ab.

Der Anfang: ein Gefühl. Es überfiel mich ganz ungerechtfertigt.

Was gilt dir als Evidenz dafür, dass du zwei Hände hast? Wie überzeugst du dich davon? Was du fühlst, ist stets ein

Unbestimmtes. Woher nur der Glaube an eine 'Hand'? Was soll 'Hand' überhaupt sein?

Was ist eine Hand? *Das*! Mehr hast du nicht. Daher: Ich sehe nichts.

Was überzeugt dich? Die Gebärde und das Geschrei. Denn Gründe sind nirgendwo auszumachen.

Da ist ein Mann. Von der einen Seite hält man ihm Blumen entgegen. Von der anderen Seite ist eine Waffe gegen ihn gerichtet. Der Mann jedoch bleibt still. Er kümmert sich nicht um Blumen, nicht um Waffen. Denn: Er ist immer derselbe.

"Wie lautet dein Name?" Das weiß ich nicht. "Wie kannst du das nicht wissen?" Nun, du weißt es ja auch nicht und ich weiß nur das, was alle wissen.

Jeder Satz braucht einen Kontext. Daher: Ich sehe nichts.

Wieso an manchem zweifeln, an anderem nicht? Gewähre auch deiner Willkür und Inkonsistenz.

Statt dem Kind die Hand zu reichen, sagen wir 'Das ist eine Hand.' Wir lehren es nicht, wir richten es ab.

Was hast du nicht alles ohne Gründe einst glauben gelernt! Und noch heute glaubst und misst du daran.[142]

Das Kind *lernt* Täter zu sein.

Was ist ein Haus? "Dies ist ein Haus." Was meinst du? "Na das Gebäude da." Gebäude? "Das da hier." Die Wand? "Nein, das Ganze, was von den Wänden umgrenzt ist." Umgrenzt? "Das da ist ein Haus!" Die grüne Wandfarbe? "Nein, das!" Die Luft? "Das hinter der Luft!" Hinter? "Na worauf zeige ich denn?!" Das frag ich dich!

Aber so wie einer 'Haus' lernt, lernt er auch 'Wandfarbe'. Daher: Ich verstehe nichts.

Du sitzt da. *Fiat!* und du erhebst dich. Wo ist da ein Täter??

Gib auf die Täterschaft und Schweigen folgt. Denn das Wort wird durch eine Tätigkeit ausgelöst.

Da sitzt ein alter Mann. Geh hin und reiche ihm ein Lehrbuch der Physik und eine Heilige Schrift fernöstlicher Philosophie. Er legt beides zur Seite.

Indem du die Welt deinem Urteil unterwirfst, lädst du Schuld auf dich und wirst zum Täter, zum selbsternannten

Richter über die Welt. Jedoch, der Zugrundegehende kann die Last der Schuld nicht mehr ertragen. Zu oft hat er sich über die Welt gehoben, am eigenen Schopf, und 'Ich!' gerufen. Daher: Gib auf das Urteilen und mit ihm alle Täterschaft und Schuld. Der Zerbrochene schweigt, weil es ihm nicht in den Sinn kommt, sich zu erheben.

"Darf ich nicht mehr begehren?" Nur die Unschuld fehlt in der Begierde. Das Begehren und der Trieb brauchen nicht verleumdet zu werden. Leg nur die Täterschaft nieder, dann brauchst du dich um Begierde und Trieb nicht mehr zu sorgen. Unschuldig sind die Disteln, selbst noch in ihrer Bosheit![43]

Ob du im kühlen Schatten eines Baumes meditierst oder in größter Not in der brennenden Sonne nach Wasser scharrst: Du bist immer derselbe.

Die Welt und ihre Erscheinungen fordern nichts, sie sagen nicht 'ich bin so und so'. Was liegt daran, die Welt bestimmt zu machen? Was liegt daran, zu sagen 'gestern', 'dort'? Wo ist ein Gestern, wo ein Dort? Gewähre auch deinem Erklärungszwang. Beachte weder ihn noch sein Fordern.

Das Begründete kann keine größere Gewissheit in Anspruch nehmen, als der Grund sie hat, auf den man es stellt. Jedoch, welcher Grund ist tragfähig? Welcher Begründungszusammenhang besteht? Daher: Ich sehe nichts.[144]

"Was ist die Welt?" Nun, sieh doch hin! Wie du siehst, siehst du nichts. *Was* soll die Welt denn sein?! Raus!

"Es gibt keine Wirklichkeit." Wer hat das entschieden? Ist *er* denn wirklich? Laber nicht!

Wenn es den Anschein hat, so und so zu sein, ist Vorsicht geboten.[145]

Kannst du etwa die Welt überblicken, dass du sagst, sie wäre *so*? Kennst du nicht das Gefühl des Irrtums genauso wie das des Verständnisses? Beide Gefühle kommen und gehen. Jedoch was wirklich ist, weder kommt es noch geht es. Das verstehst du doch unter 'sein': Beständigkeit. Und was nun ist das einzig Beständige?! Zerbrich!

Was siehst du?? Sieht irgendjemand irgendetwas??

Der Zugrundegehende philosophiert, weil er leidet. Er schreit: 'Warum?!' Doch zuvor sagt er: 'Dies!' Darum leidet er.

Der zerbrochene Mensch ist wieder Tier.

Was liegt am Widerspruch? Weshalb sich von einander widersprechenden Gedanken beunruhigen lassen? Zeig auf einen Baum und sag: 'Dieser Baum ist verschieden von sich selbst.' Jedoch, es rührt sich nichts.[146]

Etwas erklären heißt, ein Unverständliches durch ein anderes zu ersetzen. Daher: Still!

"Wie kann ich befreit werden?" Indem du dich fragst, was Befreiung denn überhaupt sei. Wer oder was soll wodurch und wovon befreit werden? Am Weiterfragen wirst du zugrunde gehen und an der ausbleibenden Antwort schließlich zerbrechen. Dann sagst du: 'Es gibt keine Befreiung.'

Kaum ist etwas zur Denkgewohnheit geworden, existiert es nicht mehr als Problem. Kann man Probleme da noch ernst nehmen?[147]

Der Zerbrochene tut, er sagt nicht 'ich tue'. Daher: Raus!

Ein Leid muss erst erkannt sein, um beklagt zu werden. Daher: Raus!

Schweigen ist Darlegung.

Was ist, ist nur durch dich. Täter ist, wer Schöpfer ist. Schöpfer ist, wer formt und zeigt. Daher: Ich sehe nichts.

Aus der Stille kommt der Zugrundegehende, zur Stille kehrt der Zerbrochene zurück.

Ein Bild macht keine Aussage. Daher: Ich sehe nichts.[148]

Ich bin das Tier, welches weder isst, um zu leben, noch lebt, um zu essen.

Es schweigt, wer keinen Grund sieht für eine Stellungnahme. Daher: Schweigen ist eine Konsequenz, kein Vorsatz.

Wer eine Grenze sieht, hat eine gezogen. Daher: Ich sehe nichts.

Ich sehe nichts, weil das, was ich gelehrt wurde zu sehen, etwas Wirkliches zu sein beansprucht, etwas über den Vorgang des Sehens Hinausgehendes, etwas vom Sehenden Verschiedenes und Unabhängiges. Wozu aber sich irgendetwas ersinnen?

Wer sagt, dass er sieht, hat noch nicht genau genug hingesehen.

Haben wir denn eine allgemeine Vorstellung davon, was es heißt, etwas zu *zeigen*??[149]

Erkenntnis bezieht sich stets auf ein Beharrliches. Denn nur auf etwas, das jetzt noch ist, wie es einst war, kann überhaupt Bezug genommen werden. Beharrliches aber ist von mir *gesetzt*. Daher: Erkenntnis währt nur solange, wie der Gedanke des Erkennens andauert. Daher: Es gibt keine Erkenntnis.

Solange du denkst, es kann nicht anders sein, hast du nur manches nicht in Frage gestellt; du urteilst lediglich darüber, worauf im tiefsten Grunde dein Fürwahrhalten beruht.[150]

Was liegt am Erklären? Weshalb versuchst du der Entstehung der Dinge nachzugehen? Bist du die Instanz, die zu prüfen und zu urteilen hat? Was zeichnet dich aus?? Prüf dich selbst, wenn du prüfen möchtest. Aber prüfe gründlich!

Der Zugrundegehende sagt: 'Die ganze Welt muss ich ertragen!' Der Zerbrochene sagt: '*Wer* muss *was* ertragen?'

Die Tat wird geschaffen. Wozu sich etwas hinschaffen, wo nichts ist?

Die Welt hält nicht stand. Sie stellt sich bald so, bald anders dar. Daher: Ich sehe nichts.[151]

Schau dich doch um! Wo ist ein Geheimnis?! Wo ist ein Verständnis?! Wie kannst du denn glauben, dass eines sei?? Ich habe immer wieder hingesehen, doch auf den Gedanken, dass man etwas *verstehen* könnte, bin ich nicht gekommen. Überlass die Welt deinen Sinnen! Raus![152]

Zweifel an *allem* und geh an der Bodenlosigkeit zugrunde! Entzieh dir selbst dein Glaubensfundament und falle. Damit der Geist still wird, muss die Gewissheit fallen und mit ihr das Ich. Sieh die Unschuld in allem Tun! Wer ist der Täter?! Nur derjenige, der mit dem Finger zeigt.

"Was du sagst, widerspricht sich!" Wohl hast du den Schluss gezogen, nun aber zieht er dich. Weshalb hat ein Satz solche Macht über dich? Wer beschließt, dass du mit einem Satz überhaupt etwas anfangen kannst? *Du* legst einem Satz Bedeutung bei, er erhält sie nicht schon von der Sprache.[153]

Bist du nicht müde deines Wissens? Kannst du dein Gefasel noch ertragen? Morgen weißt du etwas Neues, übermorgen etwas Neueres.

Der Zerbrochene weiß nur: Ich bin da.

Wer sich der Metaphysik entsagen will, muss schweigen. Denn schon zu sagen 'Dies!' weist über jede Erscheinung und allen Schein hinaus. Daher: Ich sehe nichts.

Was liegt an Wahrhaftigkeit? Glaubst du etwa an Worte?? Wer ruht bereits, wer betet noch? Lass den Ruhenden ruhen, den Betenden beten.

Lerne Bedeutung und Bedeutungslosigkeit zu durchschauen. Weshalb weist du diesem Bedeutung zu, jenem aber nicht? Weshalb weist du diesem Bedeutungslosigkeit zu, jenem aber nicht?

Fragen musst du stets dich selbst. Du bist es ja auch, der antwortet.

Was siehst du? Einmal siehst du dieses, einmal siehst du jenes. Leute behaupten, sie hätten Gott gesehen, andere behaupten, sie hätten anderes gesehen. Was einen Namen hat, darauf wird auch gezeigt. *Wer* aber zeigt *worauf*? Was liegt am Zeigen? *Beiß* meinen Finger!

"Soll ich die Welt für vergänglich halten?" Wozu? Du musst überhaupt nichts für irgendetwas halten. Erkenne, dass es nichts zu erkennen gibt. Darauf folgt Gleichmut.[154]

"Wie gewähre ich?" So wie du deinen Arm hebst.

Was macht es aus, wer der Meister ist? Kauf dir ein Huhn und nenne es Meister. Zerbrechen muss jeder allein!

Sich ausliefern heißt: Freiheit erlangen.

"Du widersprichst dir selbst." Nimm dir nur, was dir gefällt. So wie du es gewöhnt bist.

Wenn jemand sagt 'Ich weiß nichts. Ich sehe nichts.', dann leuchten meine Augen. Es gibt nichts zu bestätigen. Auch eine Bestätigung ist nur ein Urteil.

Alles Verständnis ist doch nur Blindheit gegen den Unverstand.[155]

"Das Ich ist nicht zu fassen." So? Gibt es denn ein Ich, das nicht zu fassen ist und ein anderes, das diese Behauptung aufstellt? Was liegt daran, das Ich fassen zu wollen? Kümmer dich nicht um dein Ego. Damit hält es sich nur für wichtig.[156]

Wie kommst du darauf, zu sagen 'Ich bin ein Mensch'? Was liegt am Verkünden? Du bist immer derselbe.

Das Huhn weiß nichts von Hühnern! Zum Tier sollst du werden!

Wer ist Täter, wer ist schuldig?! Du?! Wer bist du?! Wo bist du?! Sie können auf deinen Körper zeigen, aber können sie auf *dich* zeigen?!

Da, er zerbricht! Er liefert sich aus! Er wirft seinen Speer zum letzten Mal, keuchend und mit lautem Schrei. Er blickt aufs Feld, er blickt zum Himmel. Er blickt auf seine geschundenen Hände und wird still. Da weilt er nun, ungeboren, namenlos.

Mit gesunden Augen nichts sehen. Mit gesunden Ohren nichts hören.

Bleib hier!

Anmerkungen

1. Wittgenstein [20] S.20 „Ich kann nur *von* [den Gegenständen] sprechen, sie *aussprechen* kann ich nicht. Ein Satz kann nur sagen, *wie* ein Ding ist, nicht *was* es ist."

2. Wundt [24] S.16 „Jedes Einzelerkennen bringen wir uns in der Form eines Urtheils zum Bewusstsein."

3. Frege [1] S.15 „Wenn man darauf aufmerksam macht, daß der Satz »Die Zahl Eins ist ein Ding« keine Definition ist, weil auf der einen Seite der bestimmte Artikel, auf der anderen der unbestimmte steht, daß er nur besagt, die Zahl eins gehöre zu den Dingen, aber nicht, welches Ding sie sei, so wird man vielleicht aufgefordert, sich irgendein Ding zu wählen, das man Eins nennen wolle."

4. Weyl [19] S.98 „Eine Figur *F* im weitesten Sinne [...] ist nichts anderes als eine Punktmenge; *F* ist gegeben, wenn für jeden Punkt *p* bestimmt ist, ob er zu *F* gehört oder nicht."

5. Maharshi [8] S.348 „Warum eigentlich Verwirrung stiften und dann versuchen, sie wegzudiskutieren?"

6. Wittgenstein [23] S.50 „Als letztes Argument gegen Einen, der so nicht gehen wollte, würde ich nur noch sagen: »Ja siehst du denn nicht ...!« - und das ist doch kein *Argument*."

7. Mach [7] S.15 „Der Körper ist *einer* und unveränderlich, so lange wir nicht nötig haben, auf Einzelheiten zu achten."

8. Wundt [24] S.80 „Allem Wechsel muss etwas zu Grunde liegen, woran der Wechsel geschieht. Dieses zu Grunde liegende kann also nicht selber wechseln."

9. Mach [7] S.3 „Wenn ich nun hier auf abweichende Ansichten nicht ausführlich kritisch und polemisch eingehe, so geschieht dies [...] in der Überzeugung, dass derartige Fragen nicht durch Diskussionen und dialektische Gefechte ausgetragen werden."

10. Lütkehaus [6] S.272 „Gewiß, wer etwa die Frage nach dem Sinn der Geburt stellt, fragt als Geborener."

11. Eduard von Hartmann zitiert in Lütkehaus [6] S.226 „Wenn gar nichts wäre, keine Welt, kein Process und keine Substanz, so wie auch keiner, der sich philosophisch wundert, daran wäre gar nichts Wunderbares, das wäre ungeheuer natürlich und gäbe nie ein Problem zu lösen." sowie Lütkehaus [6] S.227 „Wer sich über das Einzelne wundert, zeigt umgekehrt, daß er keine Einwände gegen das Ganze hat."

12. Schopenhauer [14] S.87 „[Ein hergestellter Blinder] konnte, als er sein Haus von außen sah, nicht glauben, daß alle die großen Zimmer in dem kleinen Dinge da seyn sollten."

13. Maharshi [8] S.69 „Verankere Dich vielmehr im Selbst und handle der Natur gemäß ohne den Gedanken der Täterschaft; dann werden die Ergeb-

nisse dich nicht berühren."

14. Mach [7] S.18 „Wo ist denn aber *derselbe* Körper, der so *verschieden* erscheint?"

15. Schwank [15] S.72 „Ein Hund wird als Hund wahrgenommen dadurch, dass er als »Hund« wiedererkannt werden kann, mit dem Benamsen wird ihm ein Etikett verliehen."

16. Mach [7] S.312 „Eine *physikalische* Tatsache, die wir zum ersten Mal erleben, ist uns fremd. Sie könnte ganz anders verlaufen, als es geschieht, sie würde uns darum nicht sonderbarer scheinen. Ihr Verlauf erscheint uns an sich durch nichts bestimmt, am allerwenigsten eindeutig bestimmt."

17. Stegmüller [16] S.194 „[...] In dieser Formulierung liegt ein schwerwiegendes Problem verborgen. Sie setzt nämlich voraus, dass wir über ein Kriterium dafür verfügen, *worüber* ein Satz spricht [...]."

18. Lao-tse [5] S.56 „Erst wenn verfügt wird, gibt es Namen."

19. Wittgenstein [23] S.59 „Denke nur, wie kann mich das Bild, das du mir zeigst (oder der Vorgang) dazu verpflichten, nun so und so immer zu urteilen!"

20. Nietzsche [11] S.25 „Den Verächtern des Leibes will ich ein Wort sagen. Dass sie verachten, das macht ihr Achten."

21. Lao-tse [5] S.65 „Höchste Tugend ist ohne Tun; Ist auch ohne Grund, warum sie täte. Niedere Tugend tut, Hat auch einen Grund, warum sie tut."

22. Maharshi [8] S.21 „Was hat den Mörder veranlaßt, das Verbrechen zu begehen? - Die gleiche Kraft spricht ihm das Urteil."

23. Huang-po [4] S.63 „Was für ein *Ding*, glaubst du, ist der Weg, dass du ihm folgen möchtest?"

24. Maharshi [8] S.62 „Die Taten *(karma)* tragen die Saat ihrer eigenen Zerstörung in sich."

25. Lao-tse [5] S.67 „Fehlte den zehntausend Wesen, wodurch sie belebt, Sie würden gewißlich verenden."

26. Stegmüller [16] S.367 „Da es im allgemeinen Fall kein mechanisches Entscheidungsverfahren für logische oder induktive Unverträglichkeit gibt, können wir auch für [eine] rationale Person nicht voraussetzen, daß sie jederzeit *wisse*, ob Konsistenz vorliege oder nicht." und S.365 „Wodurch unterscheidet sich eine Theorie von einer Nichttheorie?" und Frege [1] S.126 „Streng kann die Widerspruchslosigkeit eines Begriffes wohl nur durch den Nachweis dargelegt werden, daß etwas unter ihn falle."

27. Huang-po [4] S.61 „Sagt man, dass es keinen Dharma gibt, der mit Worten erklärt werden kann, so heißt dies, den Dharma zu predigen."

28. Stegmüller [16] S.297 „Das Explanandum bestehe etwa in der Aussage, daß das Ding *a* rot ist, abgekürzt: *Ra*. Die Aussage, daß ein bestimmtes Argument das Ding oder Phänomen *a* erkläre, müssen wir [...] als sinnlos betrachten. Vielmehr hätten wir zu sagen, daß das fragliche Argument

nicht *a* erkläre, sonder *a*-als-durch-„*Ra*"-beschrieben, oder inhaltlich: *a*-als-rot-Qualifiziertes."

29. Huang-po [4] S.51 „Wenn ihr Schüler des Weges Buddha werden wollt, braucht ihr keinerlei Lehre zu studieren; ihr müsst nur lernen, wie ihr es vermeidet, nach etwas zu suchen und euch an irgendetwas zu klammern."

30. Maharshi [8] S.97 „(Fr) Wie bringt man den Geist unter Kontrolle? (M) Was ist der Geist? Wessen Geist? [...] Nehmen Sie den Geist nicht wichtig. [...] Dem Verwirklichten ist es gleich, ob sein Geist tätig oder untätig ist, [...]."

31. Maharshi [8] S.269 „Der, der nach der Beziehung zwischen [dem schicksalsbestimmenden Geschehen und dem Handeln aus eigener Initiative] fragt, ist selbst das Glied, das sie verbindet."

32. David Hume erläutert in Stegmüller [17] S.512 „Wer behauptet, er sehe oder schaue etwas, [den kann man] nur auffordern, Modellbeispiele von kausalen Vorgängen zu betrachten und das, was er dabei tatsächlich beobachtet, zu schildern. Er wird dann zugeben müssen, daß er nichts weiter beobachtet als eine bestimmte zeitliche Aufeinanderfolge von Vorgängen. [...] Und was wir nicht beobachten, von dem sollen wir im nachhinein auch nicht behaupten, wir hätten es beobachtet!"

33. Huang-po [4] S.95 „Du magst von morgens bis zur Abenddämmerung zuhören - was hast du damit gehört?"

34. Lütkehaus [6] S.180 „Absurd sowohl der Lärm wie das, um dessentwillen man ihn macht."

35. Maharshi [8] S.141 „Solche Weltverbesserer kommen und gehen, die alten Schriften bleiben."

36. Wittgenstein [23] S.71 „Nun lege ich einen Meterstab an einen andern Meterstab. Messe ich ihn dadurch?"

37. Tugendhat [18] S.63 „Aber die eigentliche Schwierigkeit beginnt schon [...] bei der Frage, was denn ein Sachverhalt ist. [...] Es gibt Leute, die förmlich aufatmen, wenn man ihnen den Terminus »Sachverhalt« für die Gegenstände anbietet, für die die Ausdrücke »daß p« stehen. Aber dabei lassen sie sich die angeblich sprachunabhängige Gegenständlichkeit gerade nur von einem Wort suggerieren." und Stegmüller [17] S.542 „Der Begriff des Sachverhaltes bzw. der Tatsache *ist stets relativ auf eine Sprache.* Welche Sachverhalte überhaupt möglich sind, hängt davon ab, welche konsistenten Beschreibungen in der zur Verfügung stehenden Sprache (des Alltags oder der Wissenschaft) möglich sind."

38. Wittgenstein [23] S.62 „*In* einer Demonstration *einigen* wir uns mit jemand."

39. Mach [7] S.316 „Beruhte der Satz auf ‹reiner Anschauung›, so brauchten wir ihn nicht zu lernen."

40. Nietzsche [11] S.62 „Der Speer, den ich gegen meine Feinde schleudere! Wie danke ich es meinen Feinden, dass ich endlich ihn schleudern darf!"

41. Tugendhat [18] S.102 „Das Meinen eines Gegenstandes ist nicht nur ein unselbständiger Teil eines propositionalen Bewußtseins, es beruht seinerseits auf einem propositionalen Bewußtsein, auf dem Fürwahrhalten eines Existenzsatzes. [...] Wo ein Subjekt sich bewußt auf ein Objekt bezieht, ist dies nie eine schlichte Beziehung, sondern ist immer fundiert in einem Satzverständnis."

42. Pfänder [13] S.81 „Alles Beweisen setzt ja, um nicht ins Unendliche rückwärts zu gehen, schließlich voraus, dass es Urteile gibt, deren Wahrheit *ohne Beweis* ersichtlich ist."

43. Gedicht von Heinz Kahlau. *Meine Hoffnung.* „In deinem Alter, mein Kind, hat jeder Mensch noch Gründe, anzunehmen, er könnte fliegen wie laufen lernen. Ich werde mich hüten, dich aufzuklären. Vielleicht bin doch ich es, der sich irrt."

44. Lao-tse [5] S.46 „Weil er sich selbst nicht sieht, Darum ist er erleuchtet."

45. Maharshi [8] S.302 „Der Geist schafft den Körper samt dem Gehirn; dann behauptet er, er würde dort wohnen." und S.55 „Forscht man nach, ob es überhaupt so etwas wie ‹Geist› gibt, dann findet man, dass es ihn nicht gibt."

46. Pfänder [13] S.49 „Das Urteil, das zunächst völlig frei ist in der Wahl seines Subjektsgegenstandes, das also von sich aus seinen Gegenstand selbstherrlich bestimmt, will dann doch der sich völlig anschmiegende Interpret des gewählten Gegenstandes sein und sich ihm in jeder Hinsicht unterwerfen."

47. Mylius [10] S.147 „[Der Mönch] verharrt bei den Gegebenheiten nach innen und nach außen über die Gegebenheiten wachend. [...] ›Es ist eine Gegebenheit!‹, dies Bewußtsein ist ihm aufgestiegen, soweit es eben zum Wissen gereicht, zum Besinnen gereicht."

48. Nietzsche [11] S.40 „Alles, was viel bedacht wird, wird bedenklich."

49. Tugendhat [18] S.111 „Wie es nun mit Bezug auf den jeweiligen Freiheitsspielraum ein Überlegen gibt, so auch ein Fragen, da alles Überlegen von einer Frage geleitet wird."

50. Wittgenstein [23] S.41 „Und wie äußert es sich, *wie* wir es meinen? [...] »›Alle‹ heißt doch: *alle*!« möchten wir sagen, wenn wir [die Bedeutung] erklären sollen; und dabei machen wir eine gewisse Geste und Miene."

51. Nietzsche [11] S.47 „Schreien wirst du einst »ich bin allein!« [...] Schreien wirst du einst: »Alles ist falsch!«" und S.8 „Wie bin ich müde meines Guten und meines Bösen!"

52. Tugendhat [18] S.115 „Alles bewußte Handeln ist regelgeleitet. [...] Man rechtfertigt sein Handeln, gibt Rechenschaft dafür, relativ zu einer bestimmten Norm, und d. h. Dann auch: gegenüber den bestimmten Partnern, die sich an diese Regel halten."

53. Mach [7] S.327 „Der solipsistische Philosoph hingegen scheint mir dem

Mann nachzuahmen, der sich das Umdrehen abgewöhnt hat, weil das, was er sieht, doch immer nur sein Vorn ist."

54. Maharshi [8] S.199 „Solange einer da ist, der sich als den Handelnden empfindet, muss er die Ergebnisse seines Tuns ernten."

55. Nietzsche [11] S.158 „»Weisheit macht müde, es lohnt sich – nichts; du sollst nicht begehren!« [...] Zerbrecht mir, o meine Brüder, zerbrecht mir auch diese *neue* Tafel [...] denn seht, es ist auch eine Predigt zur Knechtschaft!"

56. Wittgenstein [23] S.73 „Wenn aber jemand sagte: »Ich stelle mir jetzt eine krumme Linie vor«, und wir ihm darauf sagen: »Da siehst du also, daß diese Linie eine krumme ist« - was für einen Sinn hätte das?"

57. Wittgenstein [22] S.47 „Warum überzeuge ich mich nicht davon, daß ich noch zwei Füße habe, wenn ich mich von dem Sessel erheben will? Es gibt kein warum. Ich tue es einfach nicht. So handle ich."

58. George Berkeley zitiert in Frege [1] S.55 „Je nachdem der Geist seine Ideen variierend kombiniert, variiert die Einheit, und wie die Einheit, so variiert auch die Zahl, welche nur eine Sammlung von Einheiten ist."

59. Frege [1] S.62 „Der Inhalt eines Begriffes nimmt ab, wenn sein Umfang zunimmt; wird dieser allumfassend, so muß der Inhalt ganz verloren gehen."

60. Huang-po [4] S.103 „Würdet ihr jetzt üben, [...] einfach den Dingen den ganzen Tag hindurch ihren Lauf zu lassen, als wäret ihr zu krank, euch um sie zu kümmern [...] - dann würden alle Dharmas euer Verständnis ganz durchdringen."

61. Nietzsche [11] S.43 „Mancher kann seine eigenen Ketten nicht lösen und doch ist er dem Freunde ein Erlöser."

62. Maharshi [8] S.70 „Ich sehe nur das, was alle sehen."

63. Georg Büchner zitiert in Lütkehaus [6] S.82 „Das war der Mühe wert, mich so groß zu füttern (...). Bloß Arbeit für den Totengräber!"

64. Tugendhat [18] S.120 „Aber es gibt keinen absoluten Aufhänger außerhalb der Vernunft, auf den man rekurrieren könnte, um einem Gesprächspartner [...], der nach dem der Vernunft entgegengesetzten Prinzip der Unmittelbarkeit (des Nichtüberlegens) lebt, das Vernunftinteresse aufzureden. "

65. Nietzsche [11] S.155 „Einst *glaubte* man an Wahrsager und Sterndeuter: und *darum* glaubte man »alles ist Schicksal: du sollst, denn du musst!« Dann wieder misstraute man allen Wahrsagern und Sterndeutern: und *darum* glaubte man »alles ist Freiheit: du kannst, denn du willst!«"

66. Maharshi [8] S.144 „(Fr) Gilt es auch Besitz aufzugeben? (M) Vor allem den Besitzer!"

67. Lao-tse [5] S.91 „(Selbst die Bösen unter den Menschen, Warum sollte man sie verwerfen?)"

68. Mylius [10] S.70 „Wer am südlichen Gangesufer sich umhertriebe, tö-

tend (und) töten lassend, vernichtend (und) vernichten lassend, folternd (und) foltern lassend, nicht entsteht dadurch für Ihn Sünde, nicht ist dies ein Ausdruck von Unrecht. Und wer am nördlichen Gangesufer umherwandle, gebend (und) geben lassend, opfernd (und) opfern lassend, nicht entsteht dadurch für ihn (moralisches) Verdienst, nicht ist dies ein Ausdruck von Tugend."

69. Maharshi [8] S.77 „Weshalb erzählen Sie von Schwierigkeiten und dergleichen? Sie könnten ganz ruhig bleiben. Weshalb geraten Sie aus der Fassung?"

70. Maharshi [8] S.493 „(Fr) Sri Bhagavan sagte gestern abend, dass Gott uns lenkt. Weshalb sollen wir uns dann bemühen, irgend etwas zu tun? (M) Wer verlangt das von Ihnen? [...] (Fr) Warum dann all diese Unterweisungen? (M) Sie sind für solche, die sie suchen."

71. Maharshi [8] S.221 „[Gott] wird im Geist gesehen, auch in konkreter Gestalt. Er ist aber nur im Geist des Anbetenden."

72. Nietzsche [11] S.52 „Aber wie wollte ich gerecht sein von Grund aus! Wie kann ich jedem das Seine geben! Dies sei mir genug: ich gebe jedem das Meine."

73. Maharshi [8] S.372 „Wer glaubt, der Täter zu sein, muss auch leiden."

74. Mach [7] S.332 „Denn im Verzichten auf die Beantwortung als *sinnlos* erkannter Fragen liegt durchaus *keine Resignation*, sondern der Masse des wirklich Erforschbaren gegenüber das einzig vernünftige Verhalten des Forschers."

75. Wundt [24] S.107 „Erkenntniss heisst Zusammenhang der Erfahrungen."

76. Tugendhat [18] S.258 „Wer eine Behauptung versteht, weiß zwar nicht, ob sie wahr ist, aber er weiß, wie sich feststellen läßt, ob sie oder die ihr entgegengesetzte Behauptung wahr ist."

77. Habermas [3] S.117 „Der illokutionäre Erfolg einer Sprechhandlung bemißt sich an der intersubjektiven Anerkennung, die der mit ihr erhobene Geltungsanspruch findet."

78. Maharshi [8] S.376 „Ist nicht ‹dies alles› Ihnen fremd und das Selbst das Allervertrauteste?"

79. Lütkehaus [6] S.15 „Aus nichts sollte etwas werden [...]. Dass er das schaffen würde, daran hatte er keinen Zweifel: Wer sollte ihn daran hindern, da er doch allein war und nichts ihn stören konnte?" und S.38 „Je nichtiger sich die alten Seins- und Sinngaranten erwiesen haben, desto mehr läuft die Grund-Frage auf die unvorgreifliche, nicht präokkupierte Frage nach dem Nichts als ihren brisantesten Teil zu."

80. Wittgenstein [21] S.50 „Aber was sehen wir denn als das Kriterium dafür an, daß wir uns richtig [...] erinnern?"

81. Schopenhauer [14] S.35 „[Die Frage, woher denn das Gesetz der Kausalität seine Auktorität habe,] wurde zum transscendentalen Idealismus, aus

welchem uns die Ueberzeugung hervorgeht, daß die Welt so abhängig von uns im Ganzen ist, wie wir es von ihr im Einzelnen sind."

82. Wittgenstein [20] S.87 „Das Subjekt gehört nicht zur Welt, sondern es ist eine Grenze der Welt."

83. Maharshi [8] S.225 „Der Mensch steckt ohnehin schon voller Ideen über Welt und Leben, nun kommen noch diese aus dem Yoga hinzu. [...] Wozu neue Bürden den schon vorhandenen hinzufügen?"

84. Wittgenstein [23] S.333 „Unsere Krankheit ist die, erklären zu wollen."

85. Maharshi [8] S.406 „Die Welt erscheint, wenn Sie aufwachen. Wo ist sie also?"

86. Wittgenstein [22] S.76 „Woran wir glauben, hängt von dem ab, was wir lernen." und „Denn wie kann das Kind an dem gleich zweifeln, was man ihm beibringt?"

87. Nietzsche [11] S.113 „Da sprach es wieder ohne Stimme zu mir: »Was liegt an dir, Zarathustra! Sprich dein Wort und zerbrich!«"

88. vgl. Wittgenstein [22] S.130

89. Schopenhauer [14] S.65 „Schwiegen, das Maul halten, Das ist ihr ganzes Talent und ihr einziges Mittel gegen Geist, Verstand, Ernst und Wahrheit."

90. Maharshi [8] S.230 „Die Anweisung [Krishnas ‹Nach mehreren Wiedergeburten gelangt der Sucher zur Erkenntnis und wird Mich schließlich erkennen!›] ist für den bestimmt, der die Vielfalt sieht. In Wirklichkeit gibt es weder Gebundensein noch Befreiung."

91. Habermas [3] S.225 „Etwas wahrnehmen heißt der wahrgenommenen Dinge und Ereignisse gewiß sein."

92. Wittgenstein [23] S.250 „Es ist seltsam, daß ich einen Satz von einem *Bild* soll ablesen können." und S.230 „Wir beurteilen nicht die Bilder, sonder mittels der Bilder. Wir erforschen sie nicht, sondern mittels ihrer etwas anderes."

93. Mach [7] S.337 „Während aber ein heiß, leuchtend, flackernd *Empfundenes* eine Flamme ist, an der man auch Wasser kochen kann, lässt sich mit einem heiß, leuchtend, flackernd *Vorgestellten* zunächst nichts in der Umgebung verrichten."

94. Nietzsche [12] S.78 „Der Ruf, Name und Anschein, die Geltung, das übliche Maass und Gewicht eines Dinges [...] ist durch den Glauben daran und sein Fortwachsen von Geschlecht zu Geschlecht dem Dinge allmählich gleichsam an– und eingewachsen und zu seinem Leibe selber geworden: der Schein von Anbeginn wird zuletzt fast immer zum Wesen und wirkt als Wesen!"

95. Maharshi [8] S.239 „Wenn *Sie* ohne Leid sind, wird auch anderswo keins sein."

96. Maharshi [8] S.115 „Da Sie Das sind, was wollen Sie noch erkennen? Gibt es zwei Selbste, damit das eine das andere erkennen kann?"

97. „Gavagai" ist ein von W.V.O. Quine (*Word and Objekt*. 1960) ersonnener Ausdruck einer hypothetischen Fremdsprache, die der Sprachwissenschaftler zu übersetzen versucht.

98. Martin Heidegger zitiert in Tugendhat [18] S.105 „Die Sprache ist das Haus des Seins."

99. Wittgenstein [23] S.212 „Ich gehe ruhig diesen Weg weiter; sollte ich an einen Abgrund kommen, so werde ich versuchen, umzukehren. Ist das nicht ›gehen‹?"

100. Maharshi [8] S.155 „Es gibt nichts, das von oben herabkäme oder sich zeigte."

101. vgl. Mylius [10] S.72 ff.

102. Wittgenstein [22] S.40 „Wenn mich ein Blinder fragte »Hast du zwei Hände?«, so würde ich mich nicht durch Hinschauen davon vergewissern. [...] Ja, warum soll ich nicht meine *Augen* damit prüfen, daß ich schaue, ob ich beide Hände sehe? *Was* ist *wodurch* zu prüfen?!(Wer entscheidet darüber, *was* feststeht?)"

103. Nietzsche [11] S.44 „Werte legte erst der Mensch in die Dinge, sich zu erhalten - er schuf erst den Dingen Sinn, einen Menschen-Sinn! Darum nennt er sich »Mensch«, das ist: der Schätzende." und Heraklit von Ephesus „Dem Menschen ist sein Sinn sein Dämon."

104. Nietzsche [11] S.110 „Das ist meine erste Menschen-Klugheit, dass ich mich betrügen lasse, um nicht auf der Hut zu sein vor Betrügern."

105. Maharshi [8] S.428 „Weshalb wollen Sie befreit werden? Warum bleiben Sie nicht, wie Sie jetzt sind?"

106. Maharshi [8] S.292 „(Fr) Wenn ich die [Suchfrage ‹Wer bin ich?›] stelle, kommt keine Antwort. (M) Was für eine Antwort erwarten Sie? Sind *Sie* nicht da? Was wollen Sie sonst noch?"

107. Wittgenstein [21] S.101 „Und wenn ich sage, [der Vorgang des Verstehens] ist versteckt, - wie weiß ich denn, wonach ich zu suchen habe?"

108. Wittgenstein [23] S.80 „D. h. er kann antworten, wie ein verständiger Mensch und doch das Spiel mit uns nicht spielen."

109. Habermas [3] S.173 „»Je meine« Erlebnisse sind subjektiv gewiß, sie brauchen nicht wie objektive Gegebenheiten oder normative Erwartungen identifiziert zu werden - und können es auch nicht."

110. Maharshi [8] S.290 „Sehen Sie in allem das Gemeinsame! [...] Das meint man gewöhnlich, wenn von Gleichmut gesprochen wird."

111. Mach [7] S.39 „Der naive Mensch kennt die Blindheit, Taubheit, und weiß aus den alltäglichen Erfahrungen, dass das Aussehen der Dinge durch seine Sinnen beeinflusst wird; es fällt ihm aber nicht ein, die ganze Welt zu einer Schöpfung seiner Sinne zu machen."

112. Mach [7] S.41 „Und wirklich sehen wir jeden Denker, auch jeden Philosophen, sobald er durch praktische Bedrängnis aus seiner einseitigen intellektuellen Beschäftigung vertrieben wird, sofort den allgemeinen

Standpunkt einnehmen. [...] Kein Standpunkt hat eine absolut *bleibende* Geltung; jeder ist nur wichtig für einen bestimmten Zweck."

113. Maharshi [8] S.58 „Das Ich-Ich ist immer da; es gibt nichts zu erkennen. [...] Was neu und nicht immer gegenwärtig ist verschwindet auch wieder; das Ich ist immer da."

114. Diese Kurzgeschichte ist übertragen aus R. Maharshi [8] S.479.

115. Maharshi [8] S.160 „Jeder tut, was ihm gefällt."

116. Maharshi [8] S.180 „Wartet [der Höchste] etwa auf die Dienste [der Vishnuiten]? Würde Er – das Reine Bewußtsein - nicht vielmehr fragen: ‹Wer seid ihr, die ihr euch erdreistet, Mir dienen zu wollen - wer seid ihr ohne Mich?›"

117. Mach [7] S.34 „Es *denkt*, sollte man sagen, so wie man sagt: es *blitzt*."

118. Wittgenstein [22] S.11 „[...] die [Aussage]: »Ich bin hier«, die ich doch jeden Moment gebrauchen könnte, wenn sich die passende Gelegenheit dazu ergäbe."

119. Mach [7] S.102 „In der *Auslösung* der organischen Funktionen *durcheinander*, in deren *Zusammenhang*, in der *Nichtbeschränkung* auf das *Unmittelbare*, in dem *Umweg* liegt erst die Zweckmäßigkeit."

120. Wittgenstein [22] S.10 „Aber wie ist es mit einem Satze wie »Ich weiß, daß ich ein Gehirn habe«? Kann ich ihn bezweifeln? Zum *Zweifeln* fehlen mir die Gründe!"

121. Nietzsche [11] S.97 „Glaubst du nun, dass ich hier die Wahrheit redete? Warum glaubst du das?"

122. Huang-po [4] S.134 „Wenn man auch den ganzen Tag lang spricht, wird doch kein Wort gesprochen."

123. Maharshi [8] S.246 „Alles ist innen, nichts ist außen."

124. Nietzsche [11] S.38 „Würdig wissen Wald und Fels mit dir zu schweigen."

125. Wittgenstein [23] S.90 „Denk dir diese seltsame Möglichkeit: Wir hätten uns bisher immer in der Multiplikation 12 x 12 verrechnet. [...] Also ist alles falsch, was man so ausgerechnet hat! - Aber was macht es? Es macht ja gar nichts!"

126. Maharshi [8] S.164 „(Fr) Ich sehe nichts auf der Suche nach dem ‹ich›. (M) [...] Was soll es da auch zu sehen geben?"

127. Maharshi [8] S.254 „[Ein Wissenschaftler] stellt die Theorie auf, daß die Welt rund sei, sucht das zu beweisen und leitet schließlich ein Gesetz daraus ab. Wenn er einschläft, verschwindet die ganze Idee; sein Geist ist leer geworden. Was bedeutet es jetzt noch, ob die Welt flach oder rund ist?"

128. Mach [7] S.105 „Der Baum mit seinem grauen harten rauen Stamm, den vielen im Wind bewegten Zweigen, mit den glatten, glänzenden weichen Blättern erscheint uns zunächst als *ein* untrennbares Ganzes."

129. Pfänder [13] S.43 „[Der *Begriff* »Schwefel«] unterwirft den Stoff dem

Urteil, macht ihn zum *Subjektsgegenstand* des Urteils."

130. Habermas [3] S.166 „Wer die Regeln eines Spiels nicht beherrscht und nicht einmal Fehler machen kann, ist kein Mitspieler."

131. Zur Bezugnahme auf Gegenstände durch Spezifizierung siehe Tugendhat [18] S.369 ff.

132. Maharshi [8] S.266 „Warum möchten Sie überhaupt meditieren? [...] Warum bleiben Sie nicht einfach so, wie Sie sind, ohne zu meditieren?"

133. Lao-tse [5] S.43 „Brich ab die Heiligkeit, verwirf die Klugheit!"

134. Wittgenstein [22] S.62 „Der vernünftige Mensch hat gewisse Zweifel *nicht*." und S.89 „D. h. die *Fragen*, die wir stellen, und unsre *Zweifel* beruhen darauf, daß gewisse Sätze vom Zweifel ausgenommen sind, gleichsam die Angeln, in welchen jene sich bewegen."

135. Pfänder [13] S.31 „Sondern Urteile sind nur dann wirkliche Erkenntnisse, wenn sie nicht nur *wahr sind*, sonder wenn ihre *Wahrheit* auch *ersichtlich* oder *erwiesen* ist."

136. Wittgenstein [22] S.39 „Wer keiner Tatsache gewiß ist, der kann auch des Sinnes seiner Worte nicht gewiß sein."

137. Nietzsche [11] S.97 „Du fragst warum? Ich gehöre nicht zu denen, welche man nach ihrem Warum fragen darf. [...] Das ist lange her, dass ich die Gründe meiner Meinungen erlebte. [...] Schon zu viel ist es mir´s, meine Meinungen selber zu behalten; und mancher Vogel fliegt davon."

138. Wittgenstein [22] S.69 „Am Grunde des begründeten Glaubens liegt der unbegründete Glaube."

139. Maharshi [8] S.526 „(Fr) [Was ist das Selbst?] (M) ‹Nicht dies, nicht dies› (Fr) Das verneint nur. (M) [...] Man sagt Ihnen: ‹Sie sind nicht dieser Körper noch der Geist, noch der Intellekt, noch das ‹ich›, noch irgend etwas, was Sie sich ausdenken können; finden Sie heraus, was Sie wirklich sind.›"

140. Nietzsche [11] S.101 „Nicht um die Erfinder von neuem Lärme: um die Erfinder von neuen Werten dreht sich die Welt; *unhörbar* dreht sie sich."

141. Mach [7] S.234 „Wodurch unterscheide ich den *zweiten* [Glockenschlag] vom *ersten*? Warum halte ich nicht alle die gleichen Schläge für *einen*?"

142. Nietzsche [11] S.224 „Was der Pöbel ohne Gründe einst glauben lernte, wer könnte ihm durch Gründe das – umwerfen?"

143. Nietzsche [11] S.94 „Euch fehlt die Unschuld in der Begierde: und nun verleumdet ihr drum das Begehren!" und S.95 „Ein Gelehrter bin ich den Kindern noch und auch den Disteln und roten Mohnblumen. Unschuldig sind sie, selbst noch in ihrer Bosheit."

144. Pfänder [13] S.29 „Das Begründete kann ja nie eine größere Gewissheit in Anspruch nehmen, als der Grund sie hat, auf den man es stellt."

145. Wittgenstein [23] S.137 „Wenn es den Anschein hat, ..., dann ist Vorsicht geboten."

146. Wittgenstein [23] S.89 „Ich schaue also auf meine Lampe und sage: »diese Lampe ist verschieden von ihr selbst.« (Aber es rührt sich nichts.)" und Maharshi [8] S.47 „Weshalb lassen Sie sich von einander widersprechenden Behauptungen beunruhigen?

147. Mach [7] S.296 „Ist die Beachtung des *Momentes* oder der *Arbeit* zur Denkgewohnheit geworden, so existiert das Problem [dass an einem Hebel oder Wellenrad eine *große* Last durch eine *kleine* gehoben wird] nicht mehr."

148. Goodman [2] S.131 „The trouble with [...] the answer in terms of the truth of a statement supposedly made by a picture is that a picture makes no statement."

149. Wittgenstein [23] S.125 „Haben wir denn eine allgemeinen Begriff davon, was es heißt: zeigen, daß es eine Zahl gibt, die keine dieser unendlichen Menge ist?"

150. Wittgenstein [23] S.96 „Ist es nicht so: Solange man denkt, es kann nicht anders sein, zieht man logische Schlüsse. Das heißt wohl: solange *das und das gar nicht in Frage gezogen wird.*" und Frege [1] S.27 „Wenn man einen Satz [...] analytisch nennt, so urteilt man [...] darüber, worauf im tiefsten Grunde die Berechtigung des Fürwahrhaltens beruht."

151. Aristoteles in Martens [9] S.25 „Das Nützliche aber hält nicht stand, sondern stellt sich bald so, bald anders das."

152. Wittgenstein [23] S.113 „»Hier ist kein Geheimnis!« - aber wie konnten wir denn *glauben*, daß eines sei? - Nun, ich bin immer wieder den Weg gegangen und war immer wieder überrascht; und auf den Gedanken, daß man hier etwas *verstehen* kann, bin ich nicht gekommen. - »Hier ist kein Geheimnis«, heißt also: Schau dich doch um!"

153. Nietzsche [11] S.64 „*Wenn* es Götter gäbe, wie hielt ich´s aus, kein Gott zu sein! *Also* gibt es keine Götter. Wohl zog ich den Schluss; nun aber zieht er mich."

154. Maharshi [8] S.551 „(Fr) Sollen wir die Welt für vergänglich halten? (M) Weshalb?"

155. Wittgenstein [22] S.108 „Ist mein Verständnis nur Blindheit gegen mein eigenes Unverständnis?"

156. Maharshi [8] S.58 „Wer ist es, der behauptet, daß ‹ich› nicht zu fassen sei? Gibt es ein ‹ich›, das nicht zu fassen ist und ein anderes, das diese Behauptung aufstellt?"

Quellenverzeichnis

[1] Gottlob Frege. *Die Grundlagen der Arithmetik.* Reclam, Ditzingen, 1987, 160 S.

[2] Nelson Goodman. *Ways of Worldmaking.* Hackett Publishing Company, Indianapolis, 1978, 148 S.

[3] Jürgen Habermas. *Rationalitäts- und Sprachtheorie.* Philosophische Texte Band 2. Suhrkamp Verlag, Frankfurt am Main, 2009, 390 S.

[4] Huang-po. *Der Geist des Zen.* O. W. Barth Verlag, 2011, 160 S.

[5] Lao-tse. *Tao-Tê-King.* Reclam, Ditzingen, 1979, 142 S.

[6] Ludger Lütkehaus. *Nichts.* Zweitausendeins, Frankfurt am Main, 2004, 3. Auflage, 766 S.

[7] Ernst Mach. *Die Analyse der Empfindungen.* Ernst Mach Studienausgabe Band 1. Xenomoi Verlag, Berlin, 2008, 360 S.

[8] Ramana Maharshi. *Gespräche des Weisen vom Berge Arunachala.* Lotos Verlag, München, 2010, 2. Auflage, 568 S.

[9] Ekkehard Martens, Eckhard Nordhofen, Joachim Siebert (Hrsg.). *Philosophische Meisterstücke II.* Reclam, Ditzingen, 2001, 212 S.

[10] Klaus Mylius (Hrsg.). *Die vier edlen Wahrheiten.* Reclam, Ditzingen, 1998, 518 S.

[11] Friedrich Nietzsche. *Also sprach Zarathustra.* Anaconda Verlag GmbH, Köln, 2005, 256 S.

[12] Friedrich Nietzsche. *Die fröhliche Wissenschaft. Wir Furchtlosen.* Felix Meiner Verlag, Hamburg, 2013, 346 S.

[13] Alexander Pfänder. *Logik.* Sonderdruck aus »Jahrbuch für Philosophie und phänomenologische Forschung«, Bd. IV, Max Niemeyer Verlag, 1929, 2. Auflage, 365 S.

[14] Arthur Schopenhauer. *Über die vierfache Wurzel des Satzes vom zureichenden Grunde. Über den Willen in der Natur.* Kleinere Schriften 1. Diogenes Verlag AG, Zürich, 1977, 342 S.

[15] Inge Schwank. *Einführung in prädikatives und funktionales Denken.* Zentralblatt für Didaktik der Mathematik 35, 2003, 70-78

[16] Wolfgang Stegmüller. *Probleme und Resultate der Wissenschaftstheorie und Analytischen Philosophie. Band I: Erklärung, Begründung, Kausalität. Teil B.* Springer-Verlag, Berlin, Heidelberg, New York, 1983, 2. Auflage, 198 S.

[17] Wolfgang Stegmüller. *Probleme und Resultate der Wissenschaftstheorie und Analytischen Philosophie. Band I: Erklärung, Begründung, Kausalität. Teil D.* Springer-Verlag, Berlin, Heidelberg, New York, 1983, 2. Auflage, 138 S.

[18] Ernst Tugendhat. *Vorlesungen zur Einführung in die sprachanalytische Philosophie.* Suhrkamp Verlag Frankfurt am Main, 1976, 535 S.

[19] Hermann Weyl. *Philosophie der Mathematik und Naturwissenschaft.*

Oldenbourg Wissenschaftsverlag GmbH, München, 2009, 8. Auflage, 406 S.

[20] Ludwig Wittgenstein. *Tractatus logico-philosophicus.* Suhrkamp Verlag, Frankfurt am Main, 2003, 117 S.

[21] Ludwig Wittgenstein. *Philosophische Untersuchungen.* Suhrkamp Verlag, Frankfurt am Main, 2003, 300 S.

[22] Ludwig Wittgenstein. *Über Gewißheit.* Suhrkamp Verlag, Frankfurt am Main, 1970, 179 S.

[23] Ludwig Wittgenstein. *Bemerkungen über die Grundlagen der Mathematik.* Suhrkamp Verlag, Berlin, 2013, 9. Auflage, 446 S.

[24] Wilhelm M. Wundt. *Die physikalischen Axiome und ihre Beziehung zum Causalprincip.* Elibron Classics Replica Edition, 2006, 137 S.